코키

발리 사람들은 무엇을 먹을까

지혜리

인도네시아어를 번역하고 가르치는 일을 합니다.
바삭하게 튀긴 끄루뿍에 삼발 망가를 듬뿍 찍어 먹을 때 가장 행복합니다.

코키

발리 사람들은 무엇을 먹을까

논나 코르넬리아 지음
지혜리 편역

OLONA

들어가는 말

나시고렝, 박소, 사테, 른당, 바비굴링······.
음식 이름만 들었을 뿐인데 발리의 푸른 해변이 떠오르시나요? 인도네시아를 다녀오신 분들이라면 저 요리들을 한 번쯤 드셔 보셨을 겁니다. 생채소와 담백한 음식을 주로 먹는 우리에게 인도네시아 음식은 다소 기름지거나 간이 센 음식일 수 있습니다. 하지만 막상 먹어 보면 부담 없이 입에 착 감기는 감칠맛 덕분에 감탄사가 절로 나오게 되지요. 'CNN이 선정한 세계에서 가장 맛있는 음식 1위'라는 찬란한 영예에 걸맞게 인도네시아 요리는 국적을 불문하고 많은 이의 사랑을 받고 있습니다. 미국, 유럽, 아시아 등 주요 대륙과 멀리 떨어진 남반구의 인도네시아. 이곳의 음식은 어떻게 세계인의 입맛을 사로잡았을까요?

원제 ≪KOKKI BITJA(코키 비차)≫에서 'Kokki'는 요리사라는 뜻이고, 'Bitja'는 어떤 인물로 추정됩니다. 이 책은 1843년에 처음 세상에 등장했고, 이후 여러 차례 수정 및 보완되어 1864년에 6판까지 선보였습니다. 6판은 저자가 사망 전 유언으로 남긴 개정 사항이 반영된 판본이기도 합니다. 하지만 안타깝게도 저자에 대해서는 거의 알려진 바가 없습니다. 네덜란드어로 쓰인 서문으로 짐작해 볼 때, 저자인 논나 코르넬리아는 당시 인도네시아에서 거주하던 네덜란드 여성으로 제5판이 나올 무렵 지병으로 사망했습니다. 당시 동인도(네덜란드령 인도네시아)에는 네덜란드 여성이 많이 거주하며 인도네시아인 가정부에게 현지 요리를 배웠습니다. 따라서 이 책의 제목에도 있는 Bitja는 저자에게 도움을 준 인도네시아인의 이름으로 보입니다.

19세기 중반의 인도네시아는 네덜란드 식민 지배를 받으며 복잡한 역사적 상황에 놓여 있었습니다. 네덜란드인, 포르투갈의 노예, 중국 이민자의 식문화는 인도네시아 원주민들의 식탁에도 영향을 주었습니다. 인도네시아의 요리를 보면 밥이 주식이지만 때로는 아시아보다 유럽의 식문화와 비슷한 것 같다는 느낌을 받을 때가 있습니다. 요리 이름도 인도네시아어가 아닌 네덜란드어나 포르투갈어에서 유래된 것도 많지요. 하지만 분명한 것은 서양의 요리와는 다른, 인도네시아만의 고유한 맛이 존재한다는 점입니다. 적도의 섬에서 재배한 신선한 식재료와 향신료가 다양한 나라의 조리법과 융합하여 새로운 맛을 창조했고, 이는 곧 인도네시아만의 독특한 요리로 자리 잡았습니다. 다인종, 다종교, 다문화 국가인 인도네시아가 다름을 인정하고 받아들이는 '다양성 속의 통일'

은 식문화에도 그대로 반영되어, 여러 문화가 하나의 맛으로 조화를 이루고 있음을 보여 줍니다.

오래전부터 저는 인도네시아 요리에 관심이 많았습니다. 하지만 시중에 나온 요리책만으로는 음식에 대한 여러 궁금증을 해결하기 어려웠습니다. 그래서 ≪KOKKI BITJA≫를 옮기면서 스스로 궁금증을 해결해 보기로 했습니다. 사실 요리 전문가도 아닌 저에게는 상당한 용기가 필요했던 일이었습니다. 하지만 이번 도전으로 인도네시아의 식문화를 조금 더 깊이 이해하게 된 것 같아 기쁩니다. 그리고 제가 알게 된 정보를 인도네시아 음식에 관심을 가진 분들과 나눌 수 있어서 설렙니다.

이 책을 번역하는 과정에서 특히 힘들었던 부분은 당시의 독특한 식재료 이름을 파악하는 것이었습니다. 19세기 인도네시아어 형태는 지금과 조금 달랐습니다. 더이상 사용하지 않는 용어도 있고, 조리법도 두서없이 적힌 부분이 많았습니다. 이를테면 똑같은 요리를 두 번 설명하거나, 닭고기 요리라고 이름을 붙여 놓고 정작 조리법에는 닭고기에 대한 언급이 없이 끝맺음한 경우도 있었습니다. 다소 복잡한 원문을 낱낱이 분석하면서 인도네시아 폰티아낙 과학언어센터의 옛 동료들과 네덜란드어 연구소 연구원들의 도

응을 받았습니다. 쉽게 답을 찾기 어려운 질문에도 함께 고민해 주신 분들 덕분에 무사히 책을 낼 수 있었습니다. 이 자리를 빌려 감사 인사를 전합니다.

그럼에도 여전히 해석하지 못한 일부 식재료명과 요리명은 각주를 통해 정확한 의미를 찾지 못했음을 밝혔습니다. 아쉽지만, 앞으로 해결해야 할 과제로 두고 탐구해 나가겠습니다.

이 번역서에는 원서의 전반부에 해당하는 식사류를 담았습니다. 후반부에 나오는 디저트류는 별도의 번역본으로 다룰 예정입니다. 요리명은 원서를 그대로 따랐습니다. 하지만 독자분들의 이해를 돕기 위해 원서에는 없지만 이 책에 자주 등장하는 대표적인 인도네시아 향신료를 앞부분에 정리했습니다. 또한, 낯선 요리명과 조리법에 부연 설명이 필요할 때는 각주를 달았습니다.

여러모로 부족함이 있지만 독자 여러분들의 너른 양해를 구하며, 《코키 발리 사람들은 무엇을 먹을까》를 통해 뜨거운 태양 아래 피어나는 적도의 풍미를 느껴 보시길 바랍니다.

SELAMAT MENIKMATI.

차례

들어가는 말	6
향신료 소개	30
1. 새우 수프 ǀ Sop oedang	38
2. 굴 수프 ǀ Sop tiram	38
3. 토끼 수프 ǀ Sop klintji	39
4. 토끼 수프의 다른 형태 ǀ Lain roepa	40
5. 어린 소고기 수프 ǀ Sop daging sampi moeda	40
6. 비둘기 수프 ǀ Sop boeroeng darah	41
7. 베르미첼리 수프 ǀ Sop vermicelli	41
8. 포도주 수프 ǀ Sop anggor	41
9. 양파 수프 ǀ Sop bawang	42
10. 필리너트 수프 ǀ Sop kenari	42
11. 전골 수프 ǀ Sop selam	43
12. 채소 수프 ǀ Sop sajoer	44
13. 발리 라와르 ǀ Lalawar bali	44
14. 돼지고기 라와르 ǀ Lalawar babi	45
15. 라와르 ǀ Lalawar	45

16. 라와르의 다른 형태 | Lain roepa (1)   45
17. 라와르의 다른 형태 | Lain roepa (2)   46
18. 소고기, 닭고기, 또는 돼지 간으로 만든 라와르
| Lalawar deri daging, atau ajam, atau babi poenja hati 46
19. 볶음 삼발 | Sambal goreng   47
20. 끓인 삼발 | Sambal godok   47
21. 프타이콩 삼발 | Sambal peté   48
22. 뎬뎅 양념 삼발 | Sambal boemboe dengdeng 48
23. 돼지고기 삼발 | Sambal babi   49
24. 다른 형태 | Lain roepa   49
25. 일본 된장 삼발 | Sambal miso   50
26. 닭고기 또는 소고기 카레
| Kari ajam atau daging   50
27. 닭고기 또는 생선으로 만든 카레의 다른 형태
| Lain roepa ajam atau ikan   51
28. 인도 카레 | Kari bengala   52
29. 소고기 또는 닭고기로 만든 인도 카레
| Kari bengala, daging atau ajam   52

30. 게 카레	Kari kapiting	53
31. 게 카레의 다른 형태	Lain roepa	53
32. 붉은 가지 카레	Kari terrong merah	54
33. 죽순 카레	Kari reboeng	54
34. 후추 카레	Kari lada	55
35. 고기와 채소가 들어간 매운 카레	Kari pedas, sajoer-sajoeran atau daging	56
36. 일본 카레	Kari japan	57
37. 일본 카레의 다른 형태	Lain roepa	57
38. 세쿠 카레	Kari Sekoe	58
39. 소디 카레	Kari Sodi	59
40. 소디 카레의 다른 형태	Lain roepa	59
41. 코스타 후추 카레	Kari lada kosta	60
42. 고추 카레	Kari tjabe	60
43. 간장 카레	Kari ketjap	60
44. 거북이 카레	Kari penjoe	61
45. 꼬치에 꽂은 고기로 만든 케밥 카레	Kari Kabab, dagingnja toesoek di biting	61

46. 돼지고기 카레 | Kari babi 62
47. 닭고기, 소 또는 물소 고기로 만든 파당 카레
| Kari padang, dari ajam, sampi atau karbo 63
48. 탄타 카레 | Kari tanta 63
49. 인도 또는 스리랑카 카레
| Kari bengala atau ceilon 64
50. 말라바르 카레 | Kari malabar 64
51. 소고기 또는 물소 고기로 만든 라원 카레
| Kari rarawon dari karbo atau sampi 65
52. 프타이콩 삼발 | Sambal Petee 66
53. 프타이콩 삼발의 다른 형태 | Lain roepa 66
54. 스타프루트, 새우, 또는 여주로 만든 삼발
| Sambal papare, blimbing atau oedang 67
55. 스타프루트, 새우, 또는 여주로 만든 삼발의 다른 형태
| Lain roepa 68
56. 닭 간으로 만든 삼발 | Sambal ati 68
57. 닭 간으로 만든 삼발의 다른 형태 | Lain roepa 69
58. 건새우 삼발 | Sambal oedang kring 69

59. 생새우 삼발 | Sambal oedang bassah	70
60. 고기 라와르 | Lalawar daging	70
61. 닭고기 라와르 | Lalawar ajam	71
62. 생선 사테 | Ikan sesaté	71
63. 생선 사테의 다른 형태 | Lain roepa	72
64. 줄무늬고등어 또는 갯농어 사테 | Sesaté ikan komboeng atau bandang	73
65. 돼지고기 또는 소고기 사테 | Sesaté babi atau sampi	74
66. 돼지고기 또는 돼지비계 사테 | Sesaté babi atau daging gemok	75
67. 부드러운 사테 | Sesaté lembut	75
68. 둥근 사테 | Sesaté pentoel	76
69. 돼지고기 사테 | Sesaté babi	76
70. 돼지고기 사테의 다른 형태 | Lain roepa	77
71. 물소 고기 사테 | Sesaté karbo	78
72. 고추 사테 | Sesaté lombok	78
73. 닭고기 사테 | Sesaté ajam	79

74. 닭고기, 소고기 또는 물소 고기로 만든 사테
| Sesaté karbo, sampi atau ajam   79
75. 노니잎 브보톡 | Bebotok daon mangkoedoe 80
76. 다양한 고기로 만든 브보톡
| Bebotok timboel dari segala roepa daging   81
77. 죽순 브보톡 | Bebotok reboeng   81
78. 닭고기 브보톡 | Bebotok ajam   82
79. 닭고기 브보톡의 다른 형태 | Lain roepa   82
80. 포르투갈 카르마나치
| Karmanatji portugees   83
81. 닭고기 또는 소고기로 만든 포르투갈 카르마나치
| Karmanatji portugees dari daging sampi atau ajam 84
82. 끓이지 않는 포르투갈 카르마나치
| Karmanatji portugees, jang trada di reboes 85
83. 카르마나치 | Karmanatji   85
84. 고기 카르마나치 | Karmanatji daging   86
85. 고기 카르마나치의 다른 형태 | Lain roepa 86
86. 볶은 락사 | Laksa goreng   87

87. 중국 락사 | Laksa tjina	87
88. 포르투갈 락사 | Laksa portugees	88
89. 발리 락사 | Laksa bali	89
90. 포르투갈 또는 스라니 락사 | Laksa Sarani atau portugees	89
91. 숙주나물 | Katjang taugee	90
92. 튀긴 두부 | Taugee goreng	91
93. 볶은 숙주 | Taugee toemis	91
94. 라원 | Rarawon	92
95. 물소 고기 또는 소고기로 만든 라원 | Rarawon daging sampi atau karbo	92
96. 고기 라원 | Rarawon daging	93
97. 닭고기 프첼 | Petjal ajam	93
98. 닭고기 프첼의 다른 형태 | Lain roepa	94
99. 바나나 꽃봉오리 또는 닭고기로 만든 프첼 | Petjal ayam atau djantoeng pisang	94
100. 바나나 꽃봉오리 또는 닭고기로 만든 프첼의 다른 형태 | Lain roepa	95

101. 스람 핀당 | Pindang saram	95
102. 닭고기 핀당 | Pindang ajam	96
103. 간장 핀당 | Pindang ketjap	96
104. 간장 핀당의 다른 형태 | Lain roepa	96
105. 닭 또는 소고기로 만든 클루웍 핀당 | Pindang kaloeak daging atau ajam	97
106. 생선 핀당 | Ikan pindang toemis	98
107. 생선 핀당의 다른 형태 | Lain roepa	98
108. 프티스 | Petis	99
109. 프티스의 다른 형태 | Lain roepa	99
110. 닭고기 전골 | Ajam tjara selam	99
111. 닭고기 바톡 | Batok ajam	100
112. 포르투갈 라피스 | Lapis portugees	101
113. 포르투갈 라피스의 다른 형태 | Lain roepa	102
114. 영국 라피스 | Lapis inggris	102
115. 잎으로 감싼 라피스 | Lapis boengkoes	102
116. 탕카르 | Tangkar	103

| 117. 물소 고기 또는 소고기로 만든 탕카르 | Tangkar sampi atau karbo | 103 |

118. 프리카세 | Frikassi 104

119. 돼지고기 카르마나치 | Karmanatji babi 104

120. 세무르 | Smoor 105

121. 세무르의 다른 형태 | Lain roepa 105

122. 튀긴 세무르 | Smoor goreng 105

123. 끓인 세무르 | Smoor masak 106

124. 솔로 세무르 | Smoor solo 106

125. 빵나무 열매 | Soekoen 107

126. 커틀렛 | Kottelet 107

127. 상가라 반당 | Sangar Bandang 108

| 128. 아얌 고렝과 코코넛밀크 | Ajam goreng sama santan | 108 |

129. 아얌 고렝 | Ayam goreng 109

130. 닭고기와 건포도 | Ajam sama kisjmis 109

| 131. 라임즙과 함께 익힌 닭고기 | Ajam jang di masak sama koeah djeroek | 110 |

132. 구운 닭고기 | Ajam panggang   110
133. 구운 닭고기의 다른 형태 | Lain roepa (1) 111
134. 구운 닭고기의 다른 형태 | Lain roepa (2) 111
135. 구운 닭고기의 다른 형태 | Lain roepa (3) 111
136. 프랑스 음식 | Makanan fransman   112
137. 스리랑카 음식 | Seperti ceilon   112
138. 고베 바타비아 | Gobe batawie   113
139. 고구마 속을 채운 오리 | Bêbêk isi dengan oebi 113
140. 빵으로 속을 채운 오리
| Bêbêk isi dengan roti   114
141. 완두콩을 넣은 오리고기 스튜
| Baginama misti stoof bêbêk sama katjang pollong 114
142. 올리브를 넣은 오리고기 스튜
| Bêbêk di stoof sama boeah olijf   115
143. 사보이양배추를 넣은 오리고기
| Bêbêk jang di masak sama kool   115
144. 포도주를 넣은 오리고기
| Bagimana boleh masak bêbêk sama anggor 116

145. 오리볶음 | Goreng bêbêk   116
146. 가도가도 샐러드 | Sajoer gado-gado   117
147. 가도가도 샐러드의 다른 형태 | Lain roepa   117
148. 우랍 | Djanganan   118
149. 스룬뎅 | Sarondeng   119
150. 새우 오탁오탁 | Otak oedang   119
151. 삼치 오탁오탁 | Otak dari ikan tengiri   120
152. 닭고기 속을 넣은 오믈렛
| Kaber koebertoe   120
153. 닭고기 속을 넣은 오믈렛의 다른 형태
| Lain roepa   121
154. 아게 뎅뎅 | Dengdeng agé   122
155. 생선 프르케델 | Frekedel ikan   122
156. 생선 프르케델의 다른 형태 | Lain roepa   123
157. 쩽쭈안 | Ikan cincoan   123
158. 양념된 프르케델 | Boemboe frekedel   124
159. 큰 새우 또는 꽃게로 만든 프르케델
| Frekedel kapiting atau oedang besar   124

160. 상가라 반당 | Sanggar bandang (2) 125
161. 상가라 반당의 다른 형태 | Lain roepa 125
162. 암퇘지 굽는 법
| Bagimana misti panggang satoe babi susu 126
163. 소고기 또는 닭고기로 만든 가돈
| Gadong dari ajam atau sampi 128
164. 벵골 파이 | Poedji pastij benggala 128
165. 룰라드 | Rollade 129
166. 소디 카레 | Sodie (2) 130
167. 맑은 채소 수프 | Sajoer tetegé 130
168. 코코넛 채소 요리 | Sajoer tjoendidoe 131
169. 클루윅 채소 요리 | Sajoer kloeak 131
170. 로데 | Sajoer lodé 132
171. 로데의 다른 형태 | Lain roepa 132
172. 시금치 또는 숙주로 만든 채소 수프
| Sajoer taugé atau bajem 133
173. 가도 가도 | Sajoer gado-gado 133
174. 아메 꾸무떼 | Ame koemoete 134

175. 라구 | Ragu   134
176. 푸디치 | Poeditji   135
177. 닭고기 브셍엑 | Ajam besenjék   135
178. 닭고기 브셍엑의 다른 형태 | Lain roepa (1) 136
179. 닭고기 브셍엑의 다른 형태 | Lain roepa (2) 136
180. 사탄 | Setan   137
181. 파모데로 | Pamodero   137
182. 고구마를 넣은 닭고기 름프르
| Lemper ajam dari oebi   138
183. 속이 든 파이 | Pastij poenja isi   138
184. 고기 귀 요리 | Masak koeping   139
185. 코코넛밀크가 들어간 소간 요리
| Lampag loempoek   140
186. 스탬폿 | Hutspot   140
187. 샬롯을 곁들인 줄무늬고등어
| Dop bawang   141
188. 타마린드 소스로 양념한 닭튀김
| Doepi assé   141

189. 칼리오 | Kelia	142
190. 거세한 수탉 스튜 | Stoof ajam Kabiri	142
191. 간장 닭볶음 | Ajam goreng sama ketjap	142
192. 덩굴강낭콩 굴라이 | Goelei boontjis	143
193. 코자식 굴라이 | Goelei kodja	143
194. 코자식 굴라이의 다른 형태 | Lain roepa	144
195. 닭고기 또는 소고기 굴라이 | Goelei ajam atau daging	144
196. 닭고기 또는 소고기 굴라이의 다른 형태 | Lain roepa	145
197. 생두부 튀김 | Goreng tahoe basah	146
198. 건두부 튀김 | Goreng tahoe kring	146
199. 새우 파이 | Pastij oedang	146
200. 락사 면 요리 | Thoojang	147
201. 타오초를 넣은 돼지고기 | Babi masak sama tautjo	147
202. 분두 분두 | Boendoe boendoe	148

203. 눈볼대 요리하기
| Bagimana bikin ikan merah   148
204. 눈볼대 | Ikan merah   148
205. 름프르 | Lemper   149
206. 닭고기 브셍엑 | Besenjék ajam (2)   149
207. 달걀 크림 | Salie dari telor   150
208. 카르마나치 스튜 | Stoof karmanatjie   150
209. 프르크델이 들어 있는 스튜
| Frekedel di stoof   151
210. 돼지고기 프리카세 | Frekasi dari babi   151
211. 소고기 스테이크 | Beefsteak   151
212. 햄을 삶는 방법 | Bagaimana reboes ham 152
213. 소금에 절인 우설을 삶는 방법
| Bagaimana reboes lidah   153
214. 생우설을 삶는 방법
| Bagaimana misti reboes lidah sampi jang basah 153
215. 우설을 뭉근하게 끓이는 방법
| Bagaimana misti stoof lidah sampi   154

216. 나시 크불리 | Nasi keboelie　　　　154
217. 나시 크불리의 다른 형태 | Lain roepa　155
218. 나시 울람 | Nasi oelam　　　　　　156
219. 나시 울람의 다른 형태 | Lain roepa　157
220. 나시 프링잇
| Nasi pringit makanan kodja　　　　　158
221. 나시 울람 | Nasi oelam (2)　　　　158
222. 나시 쿠닝 | Nasi koening　　　　　159
223. 중국인처럼 돼지고기 요리하기
| Masak babi seperti orang tjina　　　　160
224. 돼지고기가 들어 있는 스튜
| Babi jang di stoof　　　　　　　　　160
225. 멧돼지 삶는 법
| Bagaimana imsti reboes daging babi hoetan 161
226. 사슴 넓적다리 | Paha kidang　　　　161
227. 박미 | Bami　　　　　　　　　　　161
228. 박미의 다른 형태 | Lain roepa　　　162
229. 국물 있는 박미 | Bami reboes　　　163

230. 볶은 박미	Bami goreng	163
231. 키믈로	Kimblo	164
232. 키믈로의 다른 형태	Lain roepa	164
233. 닭고기 키믈로	Kimblo ajam	165
234. 오포르	Opor	166
235. 돼지고기볶음	Babi Tjaoe	167
236. 삶은 돼지고기볶음	Tja babi	167
237. 차오	Ikan tjaoe	168
238. 새우 채소볶음	Oedang tjaoe	168
239. 치초	Tjitjo	169
240. 말린 돼지고기	Babi tjitji	169
241. 찡쭈안	Tjintjoan (2)	169
242. 돼지고기 프르크델 수프	Baboesoe tjina	170
243. 중국식 양념	Boemboe tjin	170
244. 닭고기 된장 볶음	Ajam-O	171
245. 오리고기 된장 수프	Bêbêk-O	171

발리 사람들은 무엇을 먹을까

코키

향신료 소개

이 책에서 자주 만나게 될 열여섯 가지 인도네시아 향신료

트라시

찧은 새우를 네모난 모양으로 빚어서 발효시킨 페이스트로 한국의 새우젓과 비슷하다. 냄새는 매우 강하지만 다른 식재료와 함께 요리에 넣으면 인도네시아 음식 특유의 감칠맛이 난다.

굴라 자와

니파야자나무 진액으로 만든 설탕이다. 진액을 모아서 걸쭉해질 때까지 천천히 가열한 뒤에 원통에 넣고 굳힌 뒤 사용한다. 단맛이 필요한 요리에 다양하게 쓰인다.

🌿 정향

정향나무의 꽃봉오리를 말린 것이다. 자극적이지만 상쾌한 향이 특징이다. 살균 효과가 있어서 약재로 사용되기도 한다.

🌿 커민

중동 요리에서 주로 볼 수 있는 향신료이며 매운맛과 톡 쏘는 향이 특징이다. 고기 요리에 자주 사용된다.

🌿 후추

후추나무의 열매를 의미한다. 성숙 전 열매를 건조한 것이 검은 후추고, 성숙한 열매를 따서 껍질을 벗겨 말린 것이 흰 후추다. 일반적으로 검은 후추의 맛과 향이 더 강한 것으로 알려져 있다.

🌿 강황

맵고 강한 맛이 나는 황색식물로, 줄기와 뿌리를 식용 및 약용 등으로 사용한다. 인도와 동남아시아에서 주로 재배되고 노랗게 물들이는 성질 때문에 염색에 쓰이기도 한다.

🌿 육두구와 육두구 껍질

육두구 나무의 열매 안에 들어 있는 검은색 씨앗과 씨앗을 감싼 과피를 각각 의미한다. 후추보다는 덜 자극적이지만 고급스러운 향이 나고 비린내 제거에 탁월하다.

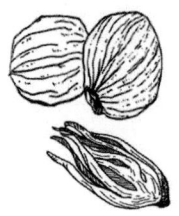

🌿 고추

주로 으깨서 양념을 만들지만, 튀김 요리의 느끼함을 줄이기 위해 생으로 먹기도 한다. 한국 요리처럼 인도네시아 요리에도 고추가 자주 사용된다.

🌿코코넛밀크

코코넛 껍질 안에 있는 흰색 과육에 물을 붓고 체에 걸러 즙을 낸 것이 코코넛밀크다. 즙을 내지 않고 갈아낸 과육을 그대로 요리에 넣기도 한다. 향이 깊고 독특하며 주로 국물이 있는 요리에 사용된다.

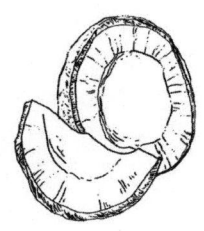

🌿샬롯

양파와 비슷하지만, 크기는 양파의 4분의 1 정도다. 맛도 양파와 비슷하지만 단맛이 더 강한 편이며 수분이 적기 때문에 오래 보관할 수 있다.

🌿마늘

샬롯과 함께 인도네시아 요리에 자주 사용되는 대표적인 식재료다. 생으로 먹기보다는 샬롯과 함께 찧은 뒤 볶아서 양념을 만들어 먹는다.

🌿 레몬그라스

레몬 향이 나는 허브로 소스를 만들거나 볶음 요리를 할 때 주로 사용한다. 생으로 사용할 때는 향이 더 많이 나도록 살짝 찧거나 칼집을 낸다.

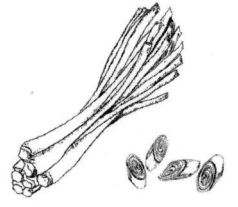

🌿 고수 씨앗

고수풀 씨앗으로, 말리면 매운맛과 달콤한 향이 난다. 고수 씨앗을 갈아서 고기에 묻힌 후 구우면 풍미를 더할 수 있다.

🌿 팔각

꼭짓점이 여덟 개 있는 별 모양이며 마른 열매를 통째로 사용하거나 갈아서 사용한다. 향이 강하고 독특해서 고기의 잡내를 없애거나 음료에 향을 더할 때 사용한다.

🌾 타마린드

타마린드 나무의 열매로 콩처럼 생긴 깍지 안에 과육으로 감싸진 씨가 있다. 새콤달콤하고 톡 쏘는 맛을 가지고 있으며 달거나 짠 음식에 두루 사용되는 식재료다.

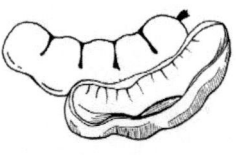

🌾 계피

매운맛과 단맛이 나며 따뜻한 성질을 가지고 있다. 빵이나 음료뿐만 아니라 절임 요리를 만들 때도 쓰인다.

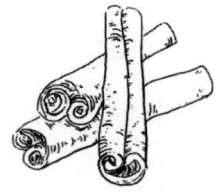

1. 새우 수프 | Sop oedang

크고 싱싱한 새우 세 마리를 데쳐 잠시 식혔다가 새우살과 다리를 모두 발라내 깨끗한 그릇에 담는다. 달걀노른자와 발라낸 새우살을 절구에 넣고 부드러워질 때까지 찧는다. (소고기 또는 닭고기) 육수를 준비한다. 크기가 큰 양파 두세 알을 얇게 썰어 노릇해질 때까지 버터에 볶다가 밀가루 한 줌과 앞서 절구에 찧은 새우살을 넣고 섞는다. 섞은 재료를 미리 준비한 육수에 넣고 30분 끓인 후 체(또는 천)에 거른다. 체에 거른 육수는 다른 큰 프라이팬에 담아 놓는다. 새우 다리와 꼬리에 붙은 살을 다시 잘게 다진 후에 육수에 넣는다. 고추를 넣어서 매콤한 맛을 더한다. 소금, 마데이라 포도주 두 잔을 붓고 따뜻하게 보관한다.

2. 굴 수프 | Sop tiram

새우 수프를 만들 때처럼 요리한다. 굴 이백여 개를 준비해 껍질에서 살을 발라낸 후 물에 담가 놓고, 굴에 붙은 수염을 모두 떼 준다. 꼬치 두세 개를 준비해 다듬은 굴을 꼬치에 끼운다. 굴을 담가 놓았던 물과 미리 만든 꼬치를 큰 프라이팬에 넣고 끓여서 육수를 만든다. 굴 꼬치에 달걀노른자와 밀가루를 차례로 묻힌다. 기름에 재빨리 튀긴다. 튀긴 굴 꼬치를 잠시 식힌다. 꼬치에서 튀긴 굴을 빼고, 수프 접시에 담은 뒤 미리 끓여둔 육수를 붓는다.

3. 토끼 수프 | Sop klintji

너무 늙거나 어리지 않고 살이 통통하게 오른 토끼 고기를 준비한 후 먹기 좋은 크기로 자른다. 단, 고기를 자를 때는 적당한 장소에서 고기 밑에 그릇을 놓고 핏물이 새지 않도록 받혀 둔 채 자른다. 큰 프라이팬에 버터 조금, 자른 고기, 마늘 두 통을 넣는다. 면 보자기로 갓싼 통후추 두 줌과 약간의 채소도 넣은 후 뚜껑을 덮고 약한 불에서 30분 동안 익힌다. 이후 끓인 물 한 주전자를 준비해 세 번에 나눠 붓고 잘 저어 준다. 단, 끓인 물을 붓기 전에 핏물이 잘 제거되었는지 먼저 확인해야 한다. 완성된 토끼 수프에 소고기를 조금 넣는다. 넓은 대접에 완성된 수프를 담는다.

4. 토끼 수프의 다른 형태 | Lain roepa

토끼 고기를 깨끗이 씻어서 육질이 부드러워질 때까지 위와 같은 방법으로 조리해 익힌다. 고기의 뼈와 살을 분리한 뒤에 살만 절구에 넣고 찧는다. 다시 뼈와 살을 섞은 후 냄비에 넣고 끓이다가 체에 거른다. 붉은빛의 육수와 함께 몇 분간 끓인다. 완성된 요리는 넓은 대접에 담는다.

5. 어린 소고기 수프 | Sop daging sampi moeda

어린 소고기의 두툼한 허벅살을 준비한다. 고기를 자르고 냄비에 넣은 뒤 물을 조금 붓는다. 이후 물을 조금씩 추가하면서 고기를 삶는다. 얇게 썬 채소와 소량의 마늘을 고기가 든 냄비에 넣고 섞는다. 마지막으로 통후추를 뿌린다. 다 끓으면 따뜻한 상태로 접시에 담아낸다.

6. 비둘기 수프 | Sop boeroeng darah

비둘기 고기 여섯 마리를 준비해 한 마리 당 네 조각으로 자른다. 자른 고기를 밀가루로 문지르며 씻는다. 세척한 고기에서 갈색빛이 돌 때까지 기름에 튀긴다. 크고 깨끗한 프라이팬에 토마토 페이스트와 튀긴 고기를 모두 넣고 고기가 부드러워질 때까지 끓인다. 후추와 간 육두구 씨앗을 넣는다. 다 끓으면 수프 그릇에 담는다.

7. 베르미첼리 수프 | Sop vermicelli

닭 또는 소고기 육수를 준비하고, 베르미첼리 면을 넣어 끓인다. 면이 다 익으면 달걀노른자, 얇게 썬 육두구 껍질, 밀가루를 넣고 잘 저어 준다. 그 상태로 조금만 더 끓이면 된다.

8. 포도주 수프 | Sop anggor

원하는 만큼 포도알을 준비한다. 같은 분량의 물, 얇은 계피,

설탕, 달걀노른자 약 네 알(와인병으로 1병 기준 분량)을 넣고 같이 끓인다. 다 끓으면 비스킷을 곁들여도 좋다.

9. 양파 수프 | Sop bawang

크기가 큰 양파 열두 알을 잘게 다지고 버터 4분의 1개를 넣어 볶는다. 고구마처럼 사람들이 평소에 먹는 서류[1](감자 등)와 약간의 채소를 앞서 볶은 양파와 섞는다. 큰 프라이팬에 섞은 재료들을 30분간 볶은 후 물을 가득 채운다. 모든 재료가 물러질 때까지 끓인다. 이렇게 끓인 수프를 고운 거름망에 거른 후 다시 팬에 담는다. 후추, 소금, 육두구 껍질을 조금 넣는다. 완성된 음식을 그릇에 옮기고 싶다면 작은 찻잔에 담는다. 우유 크림을 조심스럽게 올리고 동그랗게 채 썬 양파도 살짝 얹어 준다.

10. 필리너트 수프 | Sop kenari

필리너트 한 굴을 준비해 껍질을 벗기고, 열매를 모아 잘 건조한다. 건조된 열매에 우유 크림을 조금 붓고 부드러워질 때까

---

1 감자나 고구마처럼 덩이줄기나 덩이뿌리를 이용하는 작물

지 절구에 넣고 찧는다. 어린 소고기 및 닭고기를 끓여 만든 수 프를 준비하고, 닭고기 살을 발라낸 뒤 절구에 넣어서 다시 으 깬다. 앞서 만든 고기 수프와 펄리넛, 으깬 고기, 두껍고 납 작한 빵 두 조각 또는 쌀 약 155그램을 섞는다. 섞은 재료를 미리 끓여 둔다. 삶은 달걀 여섯 알에 차가운 크림을 넣고 부 드러워질 때까지 절구에 넣고 찧는다. 이후 크림을 조금 더 추 가한다. 앞서 만들어 놓은 수프를 고운 천에 거른 후 큰 프라 이팬에 넣고 다시 끓인다. 소량의 소금과 곱게 간 육두구 껍질 을 넣는다. 음식을 낼 때는 미리 준비해 둔 삶은 달걀과 우유 크림을 얹고, 이 상태에서 추가로 끓이지 않는다.

11. 전골 수프 | Sop selam[2]

고기에 마늘, 생강, 후추, 기름을 조금 넣고 끓인다. 셀러리, 파, 납작껍질콩, 무, 사보이양배추를 추가한다. 양념으로 버터, 고 운 후추, 육두구 껍질, 정향, 빵 껍질, 간장, 라임즙, 달걀, 기 름 없이 볶은 양파를 넣고 끓인다. 다 끓으면 불에서 내린다.

---

[2] Selam(슬람)은 장수, 다이빙이라는 뜻이다. 조리 방법이 한국의 전골 요리와 비 슷하여, 전골 수프라고 이름을 붙였다. 모든 재료를 끓여서 요리한다는 점 때문에 이와 같은 이름을 붙인 것으로 보인다.

12. 채소 수프 | Sop sajoer

준비한 닭을 먹기 좋은 크기로 자르고 물을 부은 후 끓인다. 물이 끓으면 적마늘, 파슬리, 대파, 샐러리, 쇠비름, 사보이양배추를 잘게 다진다. 닭기름은 숟가락으로 떠서 버린다. 마늘을 칼등으로 짓이겨 으깬다. 준비한 채소와 닭고기를 섞은 후 끓인다. 다 익었으면 달걀노른자 한두 개를 깨서 수프에 넣고 섞은 뒤에, 접시에 담아낸다.

13. 발리 라와르 | Lalawar bali

닭고기를 준비한다. 만약 닭고기가 없다면, 소고기나 돼지고기를 준비해 익힌다. 향신료로 고추, 트라시, 샬롯, 마늘, 양강근, 기름 없이 볶은 커민과 후추를 준비해 절구에 넣고 찧은 뒤 코코넛오일에 모두 볶는다. 익힌 닭고기 살을 잘게 다지고, 물을 조금 넣는다. 샬롯과 고추를 넣고 바삭해질 때까지 볶은 후 닭고기 살과 섞는다. 라임, 코코넛밀크, 라임잎을 넣는다. 요리 중간중간에 소금 간을 한다.

14. 돼지고기 라와르 | Lalawar babi

돼지고기를 물에 끓이고, 큰 주사위 모양으로 자른다. 코코넛밀크, 잘게 자른 파, 고추, 소금, 트라시, 라임, 간 망고 씨를 준비한다. 코코넛밀크에 모든 재료를 넣고 섞는다.

15. 라와르 | Lalawar

잘게 다진 고기에 얇게 썬 양강근, 샬롯, 고수 씨앗, 커민, 후추, 소금을 넣는다. 라임즙을 내서 고기에 넣은 후 손으로 주물러 준다. 마늘, 고추, 트라시도 볶아서 골고루 섞는다. 두 번 끓어오르면 곧바로 불에서 내린다.

16. 라와르의 다른 형태 | Lain roepa (1)

고기를 준비해 살을 잘게 다진다. 양강근, 레몬그라스를 잘게 다지고 소량의 고수 씨앗과 함께 기름에 먼저 볶는다. 다 볶았으면 후추, 소금을 절구에 넣고 고기와 섞는다. 버터 또는 코코넛오일을 불에 올리고 열이 오르면 샬롯 조금, 마늘, 트라시,

고추를 잘게 다져 볶는다. 뒤이어 양념에 섞어 놓았던 고기를 넣는다. 고기가 다 익으면 카피르라임잎 두 장과 코코넛밀크를 붓고 다시 익힌다. 키라임즙을 넣는다. 이렇게 하면 정말 맛있는 라와르가 완성된다.

17. 라와르의 다른 형태 | Lain roepa (2)

종류와 상관없이 고기를 준비해 잘게 다진다. 고수 씨앗과 커민을 빻는다. 샬롯과 마늘, 산내, 트라시, 양강근, 레몬그라스, 카피르라임잎을 채 썬 후에 기름에 볶는다. 모두 볶았으면 앞서 준비한 고수 씨앗과 커민, 고기, 키라임즙과 코코넛밀크를 붓는다. 코코넛밀크를 좋아하지 않는다면 물을 넣어도 된다.

18. 소고기, 닭고기, 또는 돼지 간으로 만든 라와르 | Lalawar deri daging, atau ajam, atau babi poenja hati

브보톡(bebotok)[3]을 만들 때처럼 고기를 아주 잘게 다진다. 레

---
3   고기나 생선을 채소와 함께 다지고, 바나나잎 등으로 감싼 후에 쪄 먹는 음식

몬그라스, 양강근, 후추, 소금을 찧는다. 뒤이어 기름 없이 볶은 커민과 고수 씨앗도 빻아서 고기와 섞는다. 팬에 버터를 올리고 달궈지면 샬롯, 두세 조각으로 채 썬 마늘, 씨를 뺀 다진 고추, 트라시를 넣고 볶는다. 이후 구운 캔들너트 대여섯 알을 곱게 빻아서 넣는다. 색이 노릇해지면 미리 양념해 둔 고기도 넣고 볶다가 수분이 어느 정도 날아가면 진한 코코넛밀크 한 대접을 붓고 끓인다. 카피르라임잎 세 장, 키라잉즙, 판단잎 몇 장과 길게 자른 레몬그라스까지 넣으면 더 진한 풍미를 느낄 수 있다.

19. 볶음 삼발 | Sambal goreng

먼저 고추를 얇게 채 썬다. 마늘, 레몬그라스, 건새우도 잘게 썬 후에 고추와 함께 기름에 볶는다. 재료들이 다 익으면 트라시와 타마린드 물을 붓고 볶는다.

20. 끓인 삼발 | Sambal godok

큰 프라이팬(튀김 냄비)에 스타프루트를 넣고 숨이 죽을 때까지 끓인다. 이후 건져서 찬물에 식힌다. 양념 재료인 샬롯, 고추, 트라시, 레몬그라스, 양강근, 산내, 건새우에 묽은 코코넛밀크를 붓고 끓인다. 재료가 다 익으면 마지막으로 한 번 더 코코넛밀크를 붓는다.

21. 프타이콩 삼발 | Sambal peté

고추와 샬롯을 먼저 얇게 채 썬다. 트라시와 건새우를 기름에 볶는다. 단, 너무 바삭하지 않게 숨이 죽을 정도로만 볶는다. 이후 타마린드 물을 붓고 끓을 때까지 익힌다. 다 끓으면 코코넛밀크를 붓는다.

22. 덴뎅 양념 삼발 | Sambal boemboe deng-deng[4]

얇고 납작하게 자른 물소 고기를 준비하고 굽는다. 다 구웠으면 돌절구에 넣고 찧는다. 트라시, 마늘, 고추, 카피르라임, 소금, 산내와

---

4   얇게 썰어 말린 고기로 육포와 비슷한 음식

함께 불 위에서 익힌다. 익은 고기는 크투팟[5]과 같이 먹어도 좋다.

23. 돼지고기 삼발 | Sambal babi

돼지고기를 익힌 후 자른다. 샬롯, 마늘, 고추, 생강을 잘게 다지고 코코넛오일에 볶아서 절반 정도 익힌다. 이후 돼지고기를 넣고 볶다가 일본 된장(miso), 양강근 조금, 월계수잎을 넣는다. 트라시와 타마린드 물을 돼지고기 육수에 넣고 저은 후 체에 거른다. 체에 거른 육수를 앞서 볶아 놓은 고기에 붓는다. 마지막으로 부추와 마늘을 넣는다.

24. 다른 형태 | Lain roepa

돼지고기를 작은 크기로 자른다. 고추, 마늘즙, 잘게 다진 샬롯을 버터에 튀기고 갈색빛이 돌면 돼지고기를 넣는다. 커피 찻잔으로 한 잔 분량의 라임즙에 트라시를 푼 물을 돼지고기와 섞는다. 실파 한 접시를 넣고 불을 약하게 줄여 익힌다. 원하

---

[5] 야자잎을 엮어서 만든 곽 안에 쌀을 넣고 찐 것으로, 떡과 비슷한 식감이 난다.

면 일본 된장을 넣어도 되지만 타마린드는 넣지 않는다.

25. 일본 된장 삼발 | Sambal miso

잘게 다진 마늘과 샬롯을 먼저 기름에 볶다가 뒤이어 다진 고추를 넣고 같이 볶는다. 그다음에 일본 된장을 넣고 볶다가 물을 붓는다. 스타프루트를 좋아하면 이 단계에서 넣어도 된다. 스타프루트 대신에 덜 익은 망고를 넣어도 맛있다.

26. 닭고기 또는 소고기 카레 | Kari ajam atau daging

닭을 준비해 잘 씻어 준다. 코코넛 한 개에서 얻은 과육에 물 한 대접을 붓고 손으로 주무른다. 체를 이용해 진한 코코넛밀크를 걸러 준다. 과육 건더기에 물 두 대접을 더 붓고 다시 손으로 주물러 묽은 코코넛밀크를 만든 후 건더기는 버린다. 양념으로 커민, 고수 씨앗, 후추, 강황, 레몬그라스, 양강근, 캔들너트 세 알, 카피르라임잎을 준비해 부드러워질 때까지 찧는다. 이후 샬롯 대여섯 알, 마늘 두 쪽(마늘 한 통을 까면 그 안에 여러 개가 들어 있다)을 얇게 채 썬다. 불 위에 큰 프라이팬을 올리고 코코넛오일을 둘러 채 썬 샬롯과 마늘이 노릇해질 때까지 볶는다. 그다음으로 작은 크기의 트라시 조각 한 개와 앞서 준비한 양념을 넣고 잘 섞이도록 젓는다. 묽은 코코넛 밀크를 붓고, 미리 준비해 둔 닭고기(또는 소고기)를 썰어 넣은 뒤 익을 때까지 끓인다. 다 익으면 소금과 진한 코코넛밀크를 추가로 붓고 저은 후 불에서 내린다.

27. 닭고기 또는 생선으로 만든 카레의 다른 형태 | Lain roepa ajam atau ikan

닭을 깨끗이 씻고 자른다. 양념으로 커민, 고수 씨앗, 후추, 얇게 썬 강황 네다섯 조각을 준비한다. 불 위에 큰 프라이팬을 올리고, 양념 재료들을 뒤적이면서 가열한다. 이후 양념 재료들을 건져내 절구에 넣고 부드러워질 때까지 찧는다. 마늘과 샬롯을 채 썰고 기름 두른 큰 프라이팬에서 노릇해질 때까지 볶는다. 이후 물을 충분히 붓고 닭고기를 넣는다. 닭이 거의 다 익을 때까지 끓이다가 소금을 넣는다.

28. 인도 카레 | Kari bengala

중간 크기의 살찐 닭을 준비해 씻고 작은 조각으로 자른다. 양념 재료로 샬롯 세 알, 강황 세 조각, 육두구 씨앗 한 알, 정향, 고수 씨앗, 커민, 마늘 세 쪽, 고추 세 개를 준비한다. 기름 없이 볶다가 곱게 빻은 후추를 미리 준비한 양념 재료들과 함께 절구에 넣고 찧는다. 찧은 양념을 버터 넣은 팬에서 볶다가 닭고기를 넣고 익을 때까지 끓인다. 소금과 고구마를 넣는다. 단, 고구마는 넣기 전에 잘게 잘라 준다.

29. 소고기 또는 닭고기로 만든 인도 카레 | Kari bengala, daging atau ajam

닭고기를 준비해 씻고 자른다. 양념으로 커민, 고수 씨앗, 강황, 후추, 고추, 자바 긴 고추[6]를 준비해 절구에 넣고 소금과 함께 찧는다. 찧은 양념을 닭고기와 섞는다. 타마린드 한 조각에 물을 붓고 손으로 충분히 주물러서 즙을 낸다. 타마린드 건더기

---

[6] 인도네시아 자바섬에서 나는 식물이다. 향신료와 조미료로 사용되며 일반 고추보다 더 길다.

는 버리고 즙만 양념한 고기에 붓는다. 익을 때까지 끓인다.

30. 게 카레 | Kari kapiting

게 카레를 만들 때는 우선 양념부터 준비해야 한다. 양념으로 마늘, 기름 없이 볶은 고수 씨앗, 커민, 후추를 준비한다. 구운 캔들너트, 트라시, 강황을 찧고, 앞서 준비한 양념에 섞은 후 부드러워질 때까지 찧는다. 코코넛밀크에 카피르라임잎을 넣고 끓인다. 게를 깨끗이 씻고 한 마리를 네 조각으로 자른다. 미리 끓여 놓은 재료에 게를 넣는다. 게 껍데기가 붉게 변하면 다 익은 것이다.

31. 게 카레의 다른 형태 | Lain roepa

게를 준비하고 깨끗이 씻은 후 이등분한다. 간 코코넛 과육에 물을 넣고 농도가 진해질 때까지 주물러 즙을 낸 뒤 건더기를 거른다. 걸러진 코코넛밀크는 따로 그릇에 담아 놓고 과육 건더기를 물이 담긴 대접에 넣은 후 다시 주물러 즙을 짜낸다. 완성된 코코넛밀크는 두고 건더기만 버린다. 양념으로 커민, 고수 씨앗, 후추, 강황, 그리고 캔들너트 두세 알을 깨서 빼낸 열매를 준비한다. 모든 양념을 큰 프라이팬에 담고 불 위에 올린 후에 열이 오를 때까지 볶다가 찧는다. 마늘과 샬롯을 편 썰고 코코넛오일을 살짝 두른 팬에서 노릇해질 때까지 볶는다. 뒤이어 찧어 놓은 양념을 넣고 섞는다. 묽은 코코넛밀크를 붓고 손질한 게를 넣는다. 모두 익으면 진한 코코넛밀크와 소금을 넣는다.

32. 붉은 가지 카레 | Kari terrong merah

기름 없이 볶은 코코넛 과육, 강황, 고추, 후추, 샬롯, 고수 씨앗, 커민, 라임, 타마린드, 진한 코코넛밀크가 들어간다. 가지 한 개를 네 조각으로 자른다. 고수 씨앗과 커민은 기름 없이 볶은 뒤 사용한다.

33. 죽순 카레 | Kari reboeng

얇게 썬 죽순을 물에 끓이고, 다 익으면 물은 버린다. 닭고기 또는 소고기를 자른다. 간 코코넛 과육을 물 담은 대접에 넣고 손으로 주무르면서 진한 코코넛밀크를 만든다. 체에 거른 후 과육 건더기만 따로 빼서 다른 그릇에 담는다. 건더기에 물을 부어 다시 손으로 주무르며 묽은 코코넛밀크를 만든다. 이후 과육 건더기는 버린다. 양념으로 커민, 고수 씨앗, 후추, 강황을 준비해 기름 없이 볶은 후 찧는다. 마늘 세 쪽, 샬롯 네 알을 채 썬 후 양념과 함께 넣고 기름을 적게 두른 팬에서 볶는다. 갈색빛이 나면 트라시 한 조각을 넣고 잘 젓다가 묽은 코코넛밀크를 붓고 닭을 넣어 익힌다. 고기가 거의 익을 때쯤 죽순을 넣는다. 죽순이 다 익으면 진한 코코넛밀크와 소금을 넣고 저어 준 뒤 불에서 내린다.

34. 후추 카레 | Kari lada

우선 닭고기를 준비해 자르고 물에 넣어 끓인다. 양념으로는 기름 없이 볶은 고수 씨앗, 커민, 후추와 강황, 샬롯, 마늘, 고추를 준비하고 부드러워질 때까지 찧는다. 으깬 양념을 기름에 볶다가 레몬그라스, 카피르라임잎 또는 월계수잎, 정향, 미리 끓여둔 닭고기를 넣고 국물을 붓는다. 마지막으로 코코넛밀크, 타마린드 물, 고구마를 넣고 익힌다.

35. 고기와 채소가 들어간 매운 카레 | Kari pedas, sajoer-sajoeran atau daging

정향, 고수 씨앗, 후추, 고추, 샬롯, 마늘, 레몬그라스, 양강곤, 캔들너트, 트라시, 간 코코넛 과육 반 통을 준비한다. 간 코코넛 과육에는 물 한 대접을 붓고 손으로 주물러 진한 코코넛밀크를 만든다. 과육 건더기를 다른 그릇에 옮겨 물 두 대접을 붓고 다시 주물러서 묽은 코코넛밀크를 만들고 건더기는 버린다. 큰 프라이팬에 코코넛오일을 두른 뒤 팬을 달군다. 달궈진 팬에 준비한 양념과 소금을 넣고 저어 준다. 이후 묽은 코코넛밀크를 붓고 채소와 고기를 넣는다. 모든 재료가 익으면 진한 코코넛밀크를 붓고 저어 주다가 불에서 내린다.

36. 일본 카레 | Kari japan

닭을 깨끗이 씻어서 자른 후에 물에 끓여 익힌다. 익힌 고기에서 닭 가슴살을 분리해 잘게 다진다. 고수 씨앗과 커민을 부드러워질 때까지 빻는다. 잘게 다진 파슬리와 실파, 후추, 소금, 카라임을 다진 고기에 넣고 프르크델[7] 반죽을 만든다. 완성된 프르크델 반죽을 닭기름에 튀긴다. 만약 닭기름이 없다면 버터를 사용해도 된다. 닭을 익힐 때 썼던 육수에 육두구 씨앗, 정향, 육두구 껍질, 후추, 소금, 간장, 카라임을 넣고 끓인다. 나머지 닭고기도 모두 넣고 끓인다. 닭이 다 익으면 손가락 길이만큼 자른 사보이양배추, 무, 덩굴강낭콩, 납작껍질콩, 죽순, 파, 얇게 썬 샬롯 한 접시를 가득 넣어 준다. 마지막으로 미리 만들어 놓은 프르크델을 넣고 한 번 더 익힌다.

37. 일본 카레의 다른 형태 | Lain roepa

살이 오른 암탉을 준비해 작은 크기로 자르고 큰 프라이팬에

---

7 다진고기나 강자 등의 채소를 섞어서 동그랗게 빚은 뒤 기름에 튀긴 인도네시아식 완자

담아 익힌다. 닭이 익기 시작하면 죽순, 날개콩, 덩굴강낭콩, 아스파라거스, 사보이양배추, 무, 콜로몽[8], 살구, 미부스[9], 파를 잘게 다져 넣는다. 이후 맥주 두 컵, 간장 반 컵, 갈아 놓은 필버트 또는 아몬드를 조금 넣고 익힌다. 커민, 고수 씨앗, 후추, 달걀노른자 두 알, 다진 파로 프르크델 반죽을 만들고 기름에 바삭하게 튀긴다. 완성된 프르크델을 닭 육수에 넣고 채소가 다 익을 때까지 끓인다.

38. 세쿠 카레 | Kari Sekoe[10]

닭고기나 돼지고기를 준비해 작게 썬다. 간 코코넛 과육을 준비해 기름 없이 볶는다. 고수 씨앗, 커민, 후추, 샬롯, 마늘, 생강, 고추, 쌀, 강황은 미리 기름 없이 볶아 놓은 후 부드러워질 때까지 찧는다. 닭 육수에 앞서 준비한 재료들을 모두 넣는다.

---

8 원문에 Kolomong이라고 나와 있으나, 인도네시아어는 물론 네덜란드어에서도 뜻을 찾을 수 없어서 소리 나는 대로 적었다. 네덜란드어 연구소(Instituut voor de Nederlandse taal)에도 문의해 봤지만, 현재로서는 의미를 알 수 없다는 회신을 받았다.

9 원문에 Miebus라고 쓰여 있으나, 각주 7번처럼 의미를 알 수 없어서 소리 나는 대로 적었다.

10 인도네시아 말루쿠 제도에 세호(Seho)라는 섬이 있는데 세쿠(Sekoe)라고도 불린다. 따라서 세쿠 카레는 이 지역에서 유래된 카레로 보인다. 말루쿠 제도는 과거 네덜란드 통치 시절에 향신료 무역의 중심지로서 향신료 제도라고도 불렸다.

이후 레몬그라스, 카피르라임잎, 키라임을 넣고 걸쭉해질 때까지 끓인다. 마지막에 소금을 넣는다.

39. 소디 카레 | Kari Sodi[11]

닭 한 마리를 자르고 삶는다. 고수 씨앗, 커민, 후추, 마늘, 강황을 모두 찧은 후 버터에 볶는다. 채 썬 샬롯과 닭고기를 넣고 육수를 붓는다. 타마린드 또는 키라임 약 네 알의 즙을 짜서 넣어 준다.

40. 소디 카레의 다른 형태 | Lain roepa

닭고기를 준비해 자르고 깨끗이 씻는다. 씻은 닭을 절구에 넣고 뼈가 부서질 때까지 찧는다. 양념으로 커민, 고수 씨앗, 호로파 씨앗, 강황을 조금을 준비하고 절구에 넣어 적당히 찧는다. 큰 프라이팬에 양념 재료, 물, 닭고기, 커리나무잎을 넣고 익힌다. 거의 다 익으면 소금을 넣는다.

---

[11] 스리랑카 요리인 Sodhi(소디) 카레에서 유래된 것으로 보인다. 다만, 스리랑카 소디 카레는 일반적으로 코코넛밀크를 넣지만, 본 조리법에는 코코넛밀크에 대한 언급이 없다.

41. 코스타 후추 카레 | Kari lada kosta

고수 씨앗, 커민, 후추, 카피르라임잎, 샬롯, 끓여서 익힌 닭고기를 준비한다. 양념을 기름에 볶는다. 타마린드를 물에 넣고 손으로 주무르며 즙을 만든다.

42. 고추 카레 | Kari tjabe

돼지고기를 자르고 큰 프라이팬에 넣는다. 고추 열 개, 마늘, 강황을 찧은 뒤 돼지고기 위에 올린다. 코코넛밀크, 채 썬 샬롯, 키라임잎과 키라임즙을 넣는다.

43. 간장 카레 | Kari ketjap

닭고기를 잘라서 물에 끓인다. 마늘, 강황, 후추, 트라시, 양강근, 레몬그라스를 기름에 볶는다. 볶은 양념에 간장과 닭고기를 넣고 익힌다.

44. 거북이 카레 | Kari penjoe

거북이는 식초와 라임으로 깨끗이 씻는다. 두세 번 씻지 않으면 나중에 생선 비린내가 날 수 있다. 씻은 거북이를 큰 프라이팬에 넣고 익힌다. 거의 다 익으면 양념을 넣는다. 양념으로는 볶은 후 으깬 커민과 고수 씨앗, 트라시, 다진 펄리넛, 얇게 썬 양강근과 생강, 진한 코코넛밀크, 키라임즙, 마늘 다섯 쪽, 소금 네 조각이 들어간다. 셀러리, 파슬리, 실파, 고추, 회향, 바질, 크도둥[12], 콜반다잎, 샹위드잎 두세 장, 카피르라임잎, 고양이수영풀, 샬롯, 레몬그라스 등 여러 가지 채소를 준비해 잘게 다져 넣는다. 다만 판단잎과 라임은 다지지 말고 통째로 넣는다.

45. 꼬치에 꽂은 고기로 만든 케밥 카레 | Kari Kabab, dagingnja toesoek di biting

고수 씨앗, 커민, 강황, 고추, 캔들너트, 양강근, 샬롯, 마늘, 호로파 씨앗, 후추, 생강, 소두구, 코코넛 과육을 모두 부드럽게

---

12 새콤달콤한 맛이 나는 인도네시아 과일

찧은 후 버터에 볶는다. 고기를 넣고 코코넛밀크를 붓는다. 카라 잎즙과 타마린드즙을 넣는다.

46. 돼지고기 카레 | Kari babi

돼지고기를 잘라 깨끗하게 씻는다. 양념 재료로 커민, 고수 씨앗, 후추, 강황을 준비해 큰 프라이팬에 넣고 불에 올려 달궈질 때까지 젓는다. 이후 불에서 내려 절구에 넣고 곱게 찧는다. 마늘 세 쪽과 샬롯 네 알을 채 썰어 준비하고, 돼지기름을 넣은 큰 프라이팬에서 볶는다. 돼지 지방에서 기름이 흘러나오고 마늘과 샬롯이 노릇해질 때까지 볶으면 된다. 찧은 양념을 넣고 잘 저어 준다. 물을 조금 부은 후 돼지고기를 넣고 끓인다. 딜이나 덩굴강낭콩을 넣고 싶다면 먼저 딜과 덩굴강낭콩을 자른 후에 돼지고기가 다 익었을 무렵에 추가한다. 거의 다 익었을 때 소금을 넣는다.

47. 닭고기, 소 또는 물소 고기로 만든 파당 카레 | Kari padang, dari ajam, sampi atau karbo

샬롯, 마늘, 고수 씨앗, 커민, 강황, 그리고 카피르라임잎을 모두 곱게 찧는다. 찧은 재료들을 버터에 넣고 볶다가 고기를 추가한다. 마지막으로 코코넛밀크와 소금을 넣는다.

48. 탄타 카레 | Kari tanta[13]

고수 씨앗, 커민, 후추, 구운 고추, 샬롯, 마늘 한 쪽, 생강, 레몬그라스, 산내를 곱게 찧는다. 으깬 양념에 타마린드 물, 코코넛오일을 넣고 손으로 주무르며 섞는다. 코코넛밀크와 강황을 추가하고 잘 저어 준다. 깨끗이 씻어서 자른 중간 크기 닭고기를 넣는다. 마지막으로 카피르라임잎 또는 월계수잎을 넣는다.

---

[13] 보르네오(Borneo)로도 잘 알려진 인도네시아 칼리만탄섬 남부 지역에 있는 작은 면 소재지 이름과 같다. 해당 지역과 탄타 카레가 연관성이 있는지 확실하지 않다. 하지만 전개상 특정 지역명이 들어간 요리법을 소개하는 흐름을 볼 때, 어느 정도 탄타(Tanta)라는 지역과 관련이 있을 것으로 보인다.

49. 인도 또는 스리랑카 카레 | Kari bengala atau ceilon

닭 두 마리, 소 다리 한쪽을 준비하고 각각 다른 냄비에 넣어 끓여 준다. 양념은 똑같이 들어 가는데, 고수 씨앗, 커민, 생강 조금, 강황, 회향, 쌀 한 스푼을 팬에 넣고 기름 없이 볶다가 절구에 넣고 찧는다. 타마린드 물과 소고기 육수를 섞는다. 마늘 네다섯 쪽을 잘게 썰고 버터를 조금 넣은 팬에서 볶는다. 고추 두세 개, 껍질 있는 라임을 넣고 같이 익힌다. 이 요리에서 가장 먼저 해야 할 일은 살이 있는 소 다리 살을 부드러워질 때까지 잘게 다지고 동그랗게 빚어서 일반 기름 또는 소기름을 넣은 팬에서 튀기는 것이다. 카레 위에 튀김을 올리고 원하면 작게 썬 오이를 올려도 된다. 반으로 자른 키라임을 사용해도 된다.

50. 말라바르 카레 | Kari malabar[14]

말라바르 카레는 생선 조금과 네 조각으로 나눈 가지로 만든

---

14 인도네시아에 말라바르(Malabar)라는 산이 있으나 앞서 인도 및 스리랑카 카레가 나온 전개로 볼 때, 인도 남부에 있는 해안 지대인 말라바르(Malabar)를 뜻하는 것으로 보인다.

다. 양념은 앞서 언급한 요리와 동일하다. 프르크델은 줄무늬고 등어 또는 통등으로 만들어야 한다. 이 두 생선은 카레를 만들기에 아주 좋은 생선이다.

51. 소고기 또는 물소 고기로 만든 라원 카레 | Kari rarawon[15] dari karbo atau sampi

고기를 작은 크기로 잘라 익을 때까지 물에서 끓인다. 양강근, 구운 캔들너트 대여섯 알, 샬롯, 타마린드 스무 알에서 서른 알, 트라시, 고추, 강황, 볶은 코코넛 과육을 양념으로 준비한다. 양념 재료는 모두 기름 없이 불 위에서 볶은 뒤 곱게 찧는다. 단, 타마린드는 찧지 않고 물을 부어서 즙을 낸다. 버터 또는 소 비계와 앞서 만든 양념을 볶다가 갈색빛으로 변하면 삶은 고기와 육수를 넣고 완전히 익을 때까지 끓인다. 원하면 코코넛밀크를 부은 카레로 만들어도 되는데 이때는 닭고기를 사용해도 된다.

---

15 인도네시아식 소고기 스튜

52. 프타이콩 삼발 | Sambal Petee

프타이콩을 반으로 가르거나 얇게 썬다. 간 코코넛 과육에 물을 한 대접을 붓고 주물러서 진한 코코넛밀크를 만든다. 과육 건더기를 따로 건져낸다. 물 한 대접을 한 번 더 붓고 주무른 뒤 묽은 코코넛밀크를 만든다. 이후 건더기는 버린다. 양념으로 샬롯, 마늘, 고추, 트라시, 월계수잎, 레몬그라스, 양강근을 준비해 채 썰고 기름을 조금 두른 큰 프라이팬에 모두 담아 노릇해질 때까지 볶는다. 갈색빛이 돌면 묽은 코코넛밀크와 프타이 콩을 넣는다. 거의 익으면 소금과 진한 코코넛밀크를 붓고 골고루 저어 마무리한다.

53. 프타이콩 삼발의 다른 형태 | Lain roepa

프타이콩을 자른다. 샬롯과 마늘을 채 썰고, 캔들너트와 양강근을 찧는다. 건새우도 따로 빻아 양념을 준비한다. 코코넛오일을 두른 큰 프라이팬에 샬롯, 마늘, 얇게 썬 고추를 넣고 노릇해질 때까지 볶는다. 갈색빛이 나면 찧어 놓았던 양념을 넣고 물을 조금 붓는다. 타마린드는 물에 미리 담가 놓고 손으로 주물러 즙만 따로 만든 후 쿨라 자와[16]와 소금을 넣는다. 빵은 새우와 프타이콩도 팬에 넣고 거의 다 익으면 미리 만들어 놓은 타마린드 물을 팬에 부은 뒤에 익을 때까지 끓인다.

54. 스타프루트, 새우, 또는 여주로 만든 삼발 | Sambal papare, blimbing atau oedang

여주를 얇게 썰고, 소금을 넣어 주무른 후 물을 버린다. 양념으로 샬롯, 마늘, 레몬그라스, 고추, 양강근을 준비해 얇게 썰고, 캔들너트를 빻는다. 큰 프라이팬에 코코넛오일을 두른 후 앞서 준비한 양념을 튀기다가 갈색빛이 나면 트라시 한 조각을 넣어 잘 저어 준다. 이후 묽은 코코넛밀크와 여주를 넣고 끓인다. 마지막으로 진한 코코넛밀크와 소금을 넣고 잘 저어 준 뒤 불에서 내린다.

---

16   야자나무의 진액 또는 즙으로 만든 설탕

55. 스타프루트, 새우, 또는 여주로 만든 삼발의 다른 형태 | Lain roepa

채소는 모두 채 썰고 양념으로 샬롯, 마늘, 고추를 준비해 모두 얇게 썬다. 큰 프라이팬에 기름을 조금 두르고 양념 재료들을 모두 볶는다. 트라시 한 조각, 묽은 코코넛밀크, 채소를 차례로 넣고 익을 때까지 끓인다. 다 익으면 진한 코코넛밀크와 소금을 넣고 잘 저어 준 뒤 불에서 내린다.

56. 닭 간으로 만든 삼발 | Sambal ati

닭 간과 모래주머니를 잘게 썰어 준비한다. 양념으로 마늘, 샬롯, 레몬그라스, 양강근, 캔들너트, 고추를 준비해 곱게 으깬다. 큰 프라이팬에 코코넛오일을 살짝 두른 후 준비한 양념을 볶는다. 타마린드 한 알에 물을 조금 붓고 손으로 주무르며 즙을 낸다. 만들어 놓은 타마린드 물을 큰 프라이팬에 붓고 썰어 놓은 닭 간과 모래주머니를 넣는다. 마지막으로 소금을 넣고 익을 때까지 끓인다.

57. 닭 간으로 만든 삼발의 다른 형태 | Lain roepa

코코넛 한 통에서 얻은 과육을 갈고 물을 조금 부은 후에 손으로 주물러 코코넛밀크를 만든다. 이렇게 만든 진한 코코넛밀크는 따로 두고, 다시 과육 건더기에 물을 조금 추가한 뒤 주물러서 묽은 코코넛밀크를 만든다. 이후 건더기는 버린다. 레몬그라스, 양강근, 캔들너트를 부드러워질 때까지 으깨서 양념을 준비한다. 마늘, 샬롯, 고추를 얇게 썬 뒤에 코코넛오일을 조금 두른 큰 프라이팬에 넣고 볶는다. 색이 노릇해지면 미리 으깨 놓았던 양념도 넣고 잘 저어 준다. 이후 묽은 코코넛밀크와 잘라 놓은 고기 또는 간을 넣고 익을 때까지 끓인다. 마지막으로 진한 코코넛밀크와 소금을 넣고 잘 섞이도록 젓다가 불에서 내린다.

58. 건새우 삼발 | Sambal oedang kring

건새우를 절구에 넣고 빻는다. 양념 재료인 샬롯, 마늘, 고추, 트라시, 양강근, 레몬그라스도 절구에 넣고 찧는다. 큰 프라이팬에 코코넛오일을 조금 두르고 앞서 준비한 양념을 볶다가 건새우를 넣는다. 타마린드 한 알에 물과 굴라 자와를 넣고 저어서 타마린드 물을 만든다. 건더기는 버리고 물만 팬에 붓는다. 소금을 넣고 모든 재료가 잘 섞이도록 저으면서 수분을 날린다. 물기가 사라지면 불에서 내린다.

59. 생새우 삼발 | Sambal oedang bassah

생새우를 물에 깨끗이 씻고 끓인다. 소금을 조금 넣은 후 다 익었으면 불에서 내려 살을 발라 준다. 양념으로 고추, 마늘, 샬롯을 준비해 채 썬다. 큰 프라이팬에 코코넛오일을 살짝 두르고 양념을 볶는다. 새우 익힌 물을 부은 뒤 끓어오르면 묽은 코코넛밀크를 붓는다. 잘 저어 준 후 불에서 내린다.

60. 고기 라와르 | Lalawar daging

물소 고기 또는 소고기를 준비하고 깨끗이 씻은 후 잘게 다진다. 물을 부은 큰 프라이팬에 고기를 넣고 끓인다. 샬롯, 마늘,

레몬그라스, 양강근을 채 썰고, 고수 씨앗, 커민, 후추, 카피르라임잎을 찧는다. 큰 프라이팬에 마늘과 샬롯이 노릇해질 때까지 볶다가 나머지 양념도 모두 넣는다. 묽은 코코넛밀크와 미리 익힌 고기를 넣은 뒤 수분이 날아갈 때까지 끓인다. 마지막으로 진한 코코넛밀크를 붓고 잘 저은 뒤 불에서 내린다.

61. 닭고기 라와르 | Lalawar ajam

닭을 자르고 물에 끓여서 절반 정도 익힌다. 샬롯, 마늘, 레몬그라스, 양강근을 채 썰고 커민, 고수 씨앗, 후추, 카피르라임잎을 빻아서 양념을 준비한다. 큰 프라이팬에 기름을 두르고 앞서 준비한 양념들을 볶는다. 트라시 한 조각과 미리 익혀 놓은 닭을 넣는다. 마지막으로 진한 코코넛밀크와 소금을 넣은 뒤 저어 주다가 불에서 내린다.

62. 생선 사테 | Ikan sesaté[17]

깨끗이 씻은 줄무늬고등어를 준비하고 뼈와 속살을 발라낸다.

---

17 인도네시아식 꼬치 구이

이때 생선 껍질이 찢어지지 않도록 주의한다. 발라낸 살을 곱게 다진다. 붉은 코코넛 과육, 튀긴 마늘, 고수 씨앗, 커민, 후추 조금, 레몬그라스, 양강근을 절구에 담고 찧는다. 잘게 다진 파슬리와 실파, 소금, 라임즙, 달걀 두 알과 모든 재료를 섞은 뒤 생선 껍질 안쪽에 넣어 속을 채운다. 속을 채운 생선을 기름에 튀긴다. 양념에 설탕을 조금 뿌려도 좋다. 단, 요리할 때 생선 머리와 꼬리는 껍질에 붙어 있어야 한다.

63. 생선 사테의 다른 형태 | Lain roepa

생선의 배를 가른 후 깨끗이 씻는다. 이때 생선 껍질이 찢어지지 않도록 주의한다. 생선 뼈를 발라내 버리고 속살만 남겨서 깨끗이 씻는다. 양념으로 커민, 고수 씨앗, 후추를 준비해 큰 프라이팬에 담은 뒤 불에 올리고 열이 오를 때까지 휘젓는다. 양념 재료가 달궈지면 불에서 내리고 절구에 넣어 빻는다. 코코넛 열매 한 개에서 얻은 과육을 갈아서 큰 프라이팬에 올리고 색이 변할 때까지 볶는다. 이후 절구에 넣고 빻는다. 캔들너트, 카피르라임잎, 마늘, 샬롯도 절구에 넣고 찧는다. 앞서 찧은 양녕과 볶아 놓은 코코넛 과육을 섞은 뒤 소금을 넣고 부드러워질 때까지 으깬다. 그다음에 씻어 놓았던 생선 속살과 섞는다. 섞은 재료를 준비된 생선 껍질 안쪽에 넣으며 속을 채운다. 원하는 방식대로 생선을 굽거나 튀긴다. 간장, 후추, 버터, 라임즙, 타마린드 한 알로 소스를 만든다. 생선을 구울 때는 불판 위쪽을 쳐 주고, 생선을 뒤집어 가면서 익힌다. 생선을 튀겨서 익혔다면 소스를 바른 후에 불에서 내린다.

64. 줄무늬고등어 또는 갯농어 사테 | Sesaté ikan komboeng atau bandang

줄무늬고등어 또는 갯농어를 깨끗이 씻고, 뼈와 속살을 발라낸다. 이때 뼈는 버리고, 생선 껍질이 찢어지지 않도록 주의한다. 속살을 잘게 다진다. 고수 씨앗, 커민, 후추, 캔들너트, 간 코코넛 과육을 기름 없이 볶은 후 고추, 마늘, 샬롯, 생강, 산내, 카피르라임잎, 양강근과 함께 찧는다. 으깬 양념을 기름에 볶다가 레몬그라스를 넣는다. 양념이 다 익으면 트라시와 미리 다져 놓은 생선도 넣는다. 굴라 자와와 코코넛밀크를 붓고 수분이 날아갈 때까지 끓인다. 물기가 사라지면 불에서 내린 후 아까 손질해 놓은 생선 껍질 안쪽으로 속을 채워 넣는다. 속을 채운 생선의 겉면에 코코넛밀크를 발라주면서 굽는다. 겉면이 노랗게 보일 때까지 구우면 된다.

65. 돼지고기 또는 소고기 사테 | Sesaté babi atau sampi

사테를 만들 돼지고기 또는 소고기 세 근을 준비해 깨끗이 씻는다. 고수 씨앗, 커민, 후추를 먼저 기름에 튀기고 빻는다. 그리고 마늘, 샬롯, 고추, 트라시, 생강, 캔들너트, 소금도 절구에 넣고 찧어서 양념을 준비한다. 타마린드 물에 고기를 넣고 주무르며 섞은 후 육질이 부드러워지도록 두드려 준다. 대나무 꼬치에 고기를 끼우고 불판에 올려 굽는다. 미리 준비한 양념에 타마린드 물과 굴라 자와 한 조각, 고기 비계를 조금 넣고 잘 저으며 섞는다. 만약 양념에 코코넛밀크를 붓고 싶다면 양념을 먼저 볶은 후에 넣어야 한다.

66. 돼지고기 또는 돼지비계 사테 | Sesaté babi atau daging gemok

돼지고기를 작은 크기로 자른다. 간 코코넛 과육과 캔들너트 또는 펄리너트 여섯 알을 기름 없이 볶은 후 샬롯 열다섯 알, 마늘 두세 알, 양강근 한 조각, 생강 한 조각, 고추 두세 개와 함께 부드러워질 때까지 찧는다. 찧어 놓은 재료에 트라시, 소금, 타마린드 물을 섞고 기름에 볶는다. 이후 고기와 진한 코코넛밀크를 넣고 끓이다가 수분이 사라지면 불에서 내려 양념을 완성한다. 고기에 방금 만들어 놓은 양념을 묻힌 후 불에서 굽는다. 양념을 만들 때 원하면 쿨라 자와를 넣어도 좋다.

67. 부드러운 사테 | Sesaté lembut

고수 씨앗, 커민, 후추를 기름 없이 볶는다. 볶은 코코넛 과육, 샬롯, 마늘, 고추, 산내, 레몬그라스, 카피르라임잎, 생강, 양강근, 캔들너트, 볶지 않은 생 코코넛 과육을 준비하고 곱게 찧는다. 채 썬 고추, 샬롯, 마늘도 트라시와 함께 볶아서 으깨고, 앞서 준비해 놓은 재료들과 섞는다. 단, 쿨라 자와와 소금을 잊지 말고 넣어야 한다. 한데 섞은 재료 덩어리를 사테 꼬치에 잘 붙인다. 익을 때까지 불에서 굽는다.

68. 둥근 사테 | Sesaté pentoel

물소 고기를 깨끗이 씻고 잘게 다진다. 덜 다져졌다면 절구에 넣고 곱게 찧는다. 양념으로는 기름 없이 볶은 고수 씨앗과 커민, 마늘, 샬롯, 타마린드, 트라시를 준비한 뒤 코코넛오일, 소금, 코코넛 반통에서 나온 과육과 함께 볶는다. 볶은 양념을 모두 섞어서 부드러워질 때까지 으깬다. 완성된 양념을 조금 덜어서 따로 빼놓고 나머지는 다져 놓은 고기와 섞는다. 이후, 달걀흰자도 추가해 섞는다. 진한 코코넛밀크에 아까 따로 덜어 놨던 양념을 넣는다. 이렇게 만든 양념 물을 고기 꼬치 위에 바르면서 굽는다.

69. 돼지고기 사테 | Sesaté babi

돼지고기를 자른다. 커민과 마늘, 샬롯, 간 코코넛 과육을 기름에 볶은 후 구운 양강근과 함께 찧는다. 설탕, 소금, 트라시를 넣는다. 미리 준비한 돼지고기 육질이 부드러워질 때까지 찧은 후, 만들어 놓은 양념과 섞고 손으로 잘 주물러 준다. 소금을 조금 더 추가하고 꼬치에 양념한 고기를 끼운 뒤 숯불 위에서 굽는다.

70. 돼지고기 사테의 다른 형태 | Lain roepa

돼지고기를 자른다. 커민, 고수 씨앗, 후추를 큰 프라이팬에 넣고 불 위에 올려 달궈질 때까지 기름 없이 볶는다. 불에서 내린 후 곱게 빻는다. 캔들너트를 준비해 곱게 빻는다. 샬롯과 마늘을 채 썬다. 간 코코넛 과육 한 통을 준비한다. 코코넛 과육은 큰 프라이팬에 넣고 갈색빛으로 변할 때까지 기름 없이 볶다가 다 되면 앞서 준비한 모든 양념과 함께 찧는다. 쿨라자와 한 조각과 돼지비계를 큰 프라이팬에 넣은 후 으깬 양념을 볶는다. 뒤이어 미리 잘라 놓은 돼지고기를 넣고 볶다가 불에서 내린다. 대나무 꼬치에 고기를 끼운다. 버터, 간장, 후추를 섞은 후 돼지고기 꼬치 위에 바르면서 고기를 굽는다. 다 익을 때까지 뒤집어 주면서 굽다가 불에서 내린다.

71. 물소 고기 사테 | Sesaté karbo

먼저 물소 고기를 자른 후 두드린다. 수분이 빠지도록 두드린 고기를 물러 놓는다. 샬롯, 마늘, 고수 씨앗, 커민, 갈아 놓은 양강근, 타마린드, 소금, 트라시를 준비한다. 단, 고수 씨앗, 커민, 샬롯, 마늘은 다른 양념 재료들보다 더 많은 양을 준비한다. 양념은 모두 으깨고 나중에 쓸 것만 미리 빼놓은 뒤에 나머지는 고기와 잘 섞는다. 끝이 뾰족한 꼬치에 양념한 고기를 꽂고 굽는다. 따로 빼놓은 양념을 발라주면서 고기를 구우면 더 맛있다.

72. 고추 사테 | Sesaté lombok

크기가 큰 고추를 준비해 안에 있는 씨를 빼고 끓는 물에 데친다. 구운 생선 살을 준비해 살이 풀어질 때까지 휘젓는다. 생강 조금, 소금, 고수 씨앗, 커민, 잘게 썬 파, 파슬리, 후춧가루와 섞는다. 달걀 두 알과 키라임즙을 넣어 섞는다. 섞은 재료들을 고추 속에 채우고 코코넛오일에 튀긴다. 원하면 버터에 튀겨도 된다.

73. 닭고기 사테 | Sesaté ajam[18]

살집이 두툼한 닭을 준비하고 닭 가슴살과 닭 다리를 분리해서 삶는다. 고기가 다 익으면 육질이 부드러워지도록 빻는다. 고수 씨앗, 커민, 후추, 간 코코넛 과육, 고추, 트라시, 샬롯, 마늘, 양강근, 캔들너트, 강황을 모두 찧는다. 으깬 양념을 기름에 볶고 레몬그라스, 카피르라임잎, 코코넛밀크를 넣고 끓인다. 끓기 시작하면 닭고기, 타마린드 물, 소금을 넣는다. 물기가 사라지면 설탕을 넣고 불에서 내린다. 대나무 꼬치에 익힌 고기를 꽂고 코코넛오일을 사용해서 굽는다.

74. 닭고기, 소고기 또는 물소 고기로 만든 사테 | Sesaté karbo, sampi atau ajam

닭고기, 소고기 또는 물소 고기를 절구에 넣고 부드러워질 때까지 찧는다. 고수 씨앗과 커민, 후추를 기름 없이 볶은 후 샬롯, 트라시, 산내, 고추, 마늘, 양강근과 함께 찧는다. 으깬 양념에 설탕과 간 코코넛 과육, 코코넛오일, 소금을 넣은 후 미

---

18   사테 아얌(Sate ayam)

리 준비해 놓은 고기와 함께 손으로 주무르며 잘 섞는다. 마지막으로 불에 굽는다.

75. 노니잎 브보톡 | Bebotok daon mangkoedoe

어린 노니잎을 준비하고 얇게 썰어 카푸르시리[19]를 조금 넣은 후 끓인다. 다 끓으면 건져낸 후 물기를 짜내고, 깨끗이 씻는다. 고수 씨앗, 커민, 후추를 기름 없이 볶는다. 캔들너트, 샬롯, 트라시, 간 코코넛 과육을 찧은 후에 코코넛밀크를 넣은 팬에서 함께 볶는다. 도미를 준비해 함께 섞는다. 도미는 우선 깨끗이 씻고 몸통이 모두 잠길 정도의 물에 담가 염분을 빼 준다. 염분이 빠진 도미에 코코넛밀크와 노니잎을 넣고 끓인다. 수분이 없어지면 불에서 내린다. 다 익은 고기를 바나나잎으로 감싼다. 달걀, 카피르라임잎, 레몬그라스, 간장을 준비하고 마지막에 진한 코코넛밀크를 부은 뒤 끓인다. 만약 쥐치를 넣고 싶다면 먼저 고추를 반으로 갈라야 한다. 노니잎 대신에 콜반다잎을 사용해도 되지만, 콜반다잎을 끓일 때 카푸르시리는 넣지 않는다.

---

19 탄산칼슘 가루로, 요리 재료를 부드럽게 또는 바삭하게 만들 때 사용한다.

76. 다양한 고기로 만든 브보톡 | Bebotok timboel dari segala roepa daging

고기를 준비해 잘게 다진다. 고수 씨앗, 커민, 후추를 기름 없이 볶고 샬롯, 마늘, 고추, 트라시, 설탕 소량과 함께 으깬 후 고기와 섞는다. 달걀노른자 한 알을 추가로 넣고 공처럼 동그랗게 반죽을 만들어 준다. 단, 볶은 코코넛 과육을 사용한다면 달걀노른자는 두 알을 넣는다. 큰 프라이팬에 샬롯, 마늘, 고추를 기름에 바삭하게 튀긴 후 코코넛밀크를 붓는다. 미리 만든 브보톡 반죽을 넣고 익을 때까지 끓인다. 흰 호박, 리마우 라잉, 소금을 넣는다. 가지를 넣어도 되지만 쓴맛을 없애기 위해서는 물에 끓인 후 사용한다.

77. 죽순 브보톡 | Bebotok reboeng

먼저 죽순을 채 썰고 물에 끓인다. 끓인 죽순을 잘게 다진다. 구운 코코넛, 간 코코넛 과육, 소량의 생코코넛을 준비하고 기름 없이 볶는다. 고수 씨앗, 커민, 후추, 카피르라임잎, 레몬그라스, 양강근, 생강, 마늘, 캔들넛을 마늘과 함께 볶다가 물과 설탕을 조금 넣는다. 뒤이어 죽순을 넣고 재료들을 바나나잎으로 감싼다. 잎으로 감싼 재료에 코코넛밀크를 붓고 물기가 거의 사라질 때까지 끓인다. 물기가 사라지면 타마린드 물과 소금을 넣는다.

78. 닭고기 브보톡 | Bebotok ajam

닭고기를 잘게 다진다. 간 코코넛 과육을 볶는다. 강황, 양강근, 생강을 불에 구운 뒤 썰어서 고수 씨앗, 커민, 간 코코넛 과육과 함께 찧는다. 닭고기에 으깬 양념과 달걀노른자 세 알을 넣고 섞는다. 이후 마늘, 후추, 소금을 찧은 뒤 재료들과 다시 섞는다. 월계수잎과 레몬그라스에 섞은 반죽을 넣어 감싼 후 찐다.

79. 닭고기 브보톡의 다른 형태 | Lain roepa

닭 한 마리를 깨끗이 씻고 살을 잘게 다진다. 커민, 고수 씨앗, 후추, 샬롯 여섯 알, 마늘 네 쪽, 캔들너트 다섯 알, 강황 세 쪽, 산내 세 쪽, 생강 네 쪽을 모두 곱게 찧는다. 큰 프라이팬에 코코넛오일을 조금 두르고 으깨 놓은 양념을 넣은 뒤 저어 준다. 잘게 다져 놓은 닭고기와 진한 코코넛밀크를 붓고 수분이 없어질 때까지 끓인 뒤 불에서 내린다. 노니잎을 얇게 채 썰고 큰 프라이팬에 담는다. 끓인 물을 조금 붓고 잠시 후 건져낸다. 바나나잎 위에 물에 데친 노니잎을 깔고 그 위에 양념한 닭고기를 한 숟가락 올린 뒤 다시 채 썬 노니잎을 살짝 올린다. 진한 코코넛밀크를 조금 붓고 삶은 계란 한 조각을 올린 뒤 물이 들어가지 않도록 바나나잎으로 감싼다. 네다섯 개를 만든 후 찌거나 물에 끓인다.

80. 포르투갈 카르마나치 | Karmanatji[20] portugees

어린 돼지나 소를 잡아 덴뎅을 만들 때처럼 고기를 두드린다. 고수 씨앗, 커민, 후추, 샬롯, 마늘 조금, 구운 강황 한 개를 찧는다. 찧은 양념에 타마린드 물을 조금 넣고 미리 준비한 고기를

---
20 인도네시아 동부 누사 틍가라 지역의 대표 음식으로, 보통 소고기를 다져 양념과 볶아 먹는다. 유명한 인도네시아 음식 중 하나인 른당(Rendang)과 비슷하다.

섞어 손으로 주무른다. 고기를 팬에 넣고 육수를 조금 부은 뒤 함께 끓인다. 수분이 거의 없어졌을 때 진한 코코넛밀크를 붓고 기름이 될 때까지 끓인다. 이때 약한 불에서 조리한다.

81. 닭고기 또는 소고기로 만든 포르투갈 카르마나치 | Karmanatji portugees dari daging sampi atau ajam

닭고기 또는 소고기를 준비하고 라피스[21]를 만들 때처럼 얇게 썬다. 썰어 놓은 고기를 식초를 넣은 물에서 끓인다. 간장, 키라임, 타마린드 한 알과 물을 조금 붓는다. 고수 씨앗, 커민, 후추, 강황을 기름 없이 볶은 후 카피르라임잎 조금, 샬롯, 마늘과 함께 찧는다. 으깬 양념을 준비한 고기와 섞고 국물이 생기도록 끓인다. 이후 라피스를 튀길 때처럼 고기를 튀기고, 튀긴 고기에 국물을 부은 후 소금을 뿌려서 마무리한다.

---

21 인도네시아 동부 자바 지역의 대표 음식으로, 고기를 얇게 썰고 양념과 함께 끓인 음식이다. 른당(Rendang)과 비슷하지만 많이 졸이지 않기 때문에 국물 있는 고기 스튜와 비슷하다.

82. 끓이지 않는 포르투갈 카르마나치 | Karmanatji portugees, jang trada di reboes

포르투갈 카르마나치는 끓인 것과 끓이지 않는 것으로 두 가지 형태가 있다. 끓이지 않는 카르마나치를 만들기 위해 고수 씨앗, 커민, 후추를 기름 없이 볶은 뒤 생강, 구운 강황, 타마린드, 트라시, 샬롯, 마늘, 정향, 육두구 씨앗, 캔들너트와 함께 찧는다. 고기와 으깬 양념을 섞은 뒤 수분이 없어질 때까지 익히고 불에서 내린다. 마지막으로 고기를 튀기고 다시 국물을 부은 뒤에 잘 저어 준다.

83. 카르마나치 | Karmanatji

고기를 준비한 뒤 덴뎅을 만들 때처럼 자른다. 샬롯과 생강을 채 썰고 간 후추, 식초, 간장, 기름을 조금 넣어서 고기와 함께 주무른다. 양념한 고기를 팬에 넣고 잎으로 잘 덮고, 그 위에 무거운 걸 올린 뒤 익힌다. 절반 정도 익으면 맛을 본다. 고기를 건져 튀기고, 다시 양념과 섞는다. 끓을 때까지 한 번 더 익힌다.

84. 고기 카르마나치 | Karmanatji daging

고기를 자른 뒤 살짝 찧는다. 커민, 고수 씨앗, 후추를 빻는다. 큰 프라이팬에 빻은 양념과 고기, 물을 약간 붓고 익을 때까지 끓인다. 큰 프라이팬 또는 튀김용 냄비를 준비하고 기름을 두른 후 샬롯, 마늘, 미리 익혀둔 고기를 튀긴다. 육수, 간장, 타마린드 물을 조금씩 붓고 수분이 없어질 때까지 끓이다가 불에서 내린다.

85. 고기 카르마나치의 다른 형태 | Lain roepa

커민, 고수 씨앗, 후추를 큰 프라이팬에 넣고 젓다가 달궈지면 불에서 내리고 빻는다. 코코넛오일을 조금 두른 큰 프라이팬에 채 썬 마늘과 샬롯을 넣고 노릇해질 때까지 튀긴다. 트라시 한 조각도 넣고 섞은 후에 빻은 양념, 타마린드 물, 간장을 조금을 붓고 끓을 때까지 익힌다. 마지막으로 잘라 놓은 닭고기 또는 소고기를 넣고 끓인다.

86. 볶은 락사 | Laksa[22] goreng

먼저 프르크델을 만들어야 한다. 돼지고기를 곱게 다지고 양념과 섞어 프르크델을 만든다. 다른 돼지고기를 준비해 물에 넣고 끓인다. 큰 프라이팬에 샬롯과 마늘을 바삭해질 때까지 볶다가 삶은 돼지고기, 생새우, 일반 버섯과 목이버섯을 넣은 후 뚜껑을 덮고 끓인다. 다 끓으면 락사 면, 완두콩, 실파, 파슬리, 소금을 넣고 마무리한다.

87. 중국 락사 | Laksa tjina

살이 오른 암탉을 삶고 살코기를 잘게 찢는다. 닭은 내장까지 모두 사용한다. 락사 면을 뜨거운 물에 미리 담가두고 부드럽게 풀어졌을 때 건진다. 양념 재료인 구운 강황, 레몬그라스, 양강근, 생강, 샬롯, 마늘, 트라시, 캔들너트, 구운 코코넛 과육, 기름 없이 볶은 고수 씨앗, 커민, 후추와 카피르라임잎, 고추를 모두 찧은 후에 볶는다. 코코넛밀크, 실파, 바질, 부추,

---

22　락사는 대중적인 동남아시아 국수 요리 이름이지만, 락사 요리에 쓰이는 면 그 자체를 일컫는 표현이기도 하다.

삶은 달걀 반쪽을 넣는다. 마른 새우와 생새우를 찧은 후 앞서 만든 양념과 볶는다. 완성된 락사를 먹을 때 간장과 키라임즙을 넣는다.

88. 포르투갈 락사 | Laksa portugees

통통한 닭을 준비하고 살을 발라낸 후 돼지고기와 함께 잘게 다진다. 고기에서 나온 뼈를 끓여서 육수를 만든다. 고수 씨앗, 커민, 후추, 샬롯, 마늘, 고추, 트라시, 캔들너트, 강황, 양강근 한 조각, 산내 한 조각을 모두 찧은 후 버터에 튀기듯 볶는다. 구운 코코넛 과육, 정향, 육두구 껍질을 빻아서 볶은 재료에 넣고 섞는다. 완성된 양념에 닭고기 육수와 코코넛밀크를 붓는다. 다진 고기에 네덜란드 향신료를 넣고 작은 크기의 프르크델을 만든다. 다 완성되면 접시에 락사 면을 놓고 그 위에 완두콩과 프르크델을 올린다. 실파, 레몬그라스, 카피르라임 잎을 썬 뒤에 반으로 가른 삶은 달걀과 함께 면 위에 올린다. 완성된 음식을 먹을 때 간장과 키라임즙을 뿌린다. 생새우를 추가하면 더욱 풍미가 좋다.

89. 발리 락사 | Laksa bali

생새우를 준비해 머리를 분리하고 몸통 껍질을 제거한다. 깨끗이 씻어서 새우살을 잘게 다진다. 코코넛을 깨끗이 씻고 코코넛 밀크를 만든다. 커민, 고수 씨앗, 후추, 소금, 샬롯, 마늘 조금, 구운 강황 한 조각, 고추, 소량의 트라시를 찧은 후에 기름을 조금 두른 팬에서 볶는다. 이후 다진 새우를 넣고 젓다가 묽은 코코넛밀크를 붓고 섞는다. 월계수잎 세 장, 레몬그라스 서너 대를 넣고 끓인다. 새우가 다 익었을 때 불을 낮추고 캔들넛 두 알을 구워 곱게 간 것과 진한 코코넛밀크를 추가로 붓고 끓인다. 뒤이어 밥을 준비하거나 락사 면을 끓인다. 면이 다 익으면 건져서 물기를 빼고 그릇에 놓은 후 미리 만든 국물을 붓는다. 원하면 바질잎을 한두 장 올려도 좋다.

90. 포르투갈 또는 스라니 락사 | Laksa Sarani[23] atau portugees

살집 있는 암탉을 삶고, 뼈에서 살코기를 발라 잘게 찢는다.

---

23 유라시안 또는 포르투갈 사랑

락사 면을 삶아 익힌 후 건져서 물기를 뺀다. 달걀 한 알, 커민, 고수 씨앗, 후추, 채 썬 양파와 파슬리에 닭 가슴살을 섞어 프르크델을 만든 후 바삭하게 튀긴다. 이후 커민, 고수 씨앗, 후추, 샬롯, 마늘 조금, 캔들너트 두 알을 찧어서 버터에 볶는다. 양념 재료가 노릇해지면 닭 육수를 붓고 익을 때까지 끓이다가 진한 코코넛밀크도 붓는다. 찢어 놓은 살코기, 삶은 락사 면을 접시에 담는다. 실파, 파슬리, 달걀, 데쳐서 껍질을 제거한 새우, 튀긴 프르크델을 접시에 올린다. 삶은 달걀 네 알에서 여섯 알을 같이 올려도 된다. 마지막으로 만들어 놓은 국물을 붓는다.

91. 숙주나물 | Katjang taugee

두부를 손가락 한 개 크기만큼 자른 후 버터를 넣은 팬에서 튀긴다. 노릇해지면 건진 후에 식혀 놓는다. 고추, 생강, 양강근, 소량의 샬롯을 얇게 썰고 버터에 볶는다. 갈색빛이 나면 트라시와 타오초[24]를 넣고 풀어주면서 양념과 잘 섞는다. 타오초는 한 숟가락 이상 넣지 않도록 주의한다. 이어서 두부와 숙

---

24   콩을 발효시켜 만든 인도네시아식 장

주나물을 넣는다. 마른 새우 또는 데쳐서 껍질을 벗긴 새우를 넣는다. 숙주의 숨이 죽으면 달걀 두세 알을 풀어 준다. 먹을 때 맨 위에 후춧가루를 뿌린다. 마른 새우를 쓴다면 미리 물에 담갔다가 써야 한다.

92. 튀긴 두부 | Taugee[25] goreng

숙주를 깨끗이 씻고, 두부는 먹기 좋은 크기로 자른다. 양념으로 마늘 네 쪽, 샬롯 네 알, 생강 한 조각을 찧는다. 튀김 팬에 기름을 조금 두르고 잘라 놓은 두부를 넣어 튀긴다. 두부가 노릇해지면 건져 낸다. 이후 양념을 볶다가 미리 튀겨 놓은 두부와 숙주, 일본 된장을 조금 넣고 섞은 뒤 뚜껑을 닫는다. 거의 다 익었을 때 두부에 달걀 두 알을 깨서 넣고, 익을 때까지 저어주다가 불에서 내린다.

93. 볶은 숙주 | Taugee toemis

양념 재료로 생강, 마늘, 샬롯을 찧은 후 기름을 조금 두른 큰

---

25 원문에는 'Taugee goreng(튀긴 숙주)'라고 나와 있지만, 조리법상 Taugoea(두부)를 잘못 쓴 것으로 보인다.

프라이팬에 넣고 잘 저으며 볶는다. 트라시를 한 조각 넣고 잘 풀어 준 후에 물 조금과 소금, 육수를 추가한다. 재료가 끓으면 미리 잘라 놓은 두부[26]를 넣는다. 다 익으면 불에서 내린다.

94. 라원 | Rarawon

고기를 작은 크기로 자르고 삶는다. 양념 재료인 월계수잎, 레몬그라스, 구운 강황, 생강 조금, 고추를 찧는다. 트라시와 얇게 썬 샬롯을 기름에 볶은 후 앞서 준비한 양념들도 넣어서 볶는다. 마지막으로 삶은 고기, 타마린드 물, 육수를 부은 뒤 양념과 잘 섞는다.

95. 물소 고기 또는 소고기로 만든 라원 | Rarawon daging sampi atau karbo

고기는 작게 자른 뒤 삶아서 익힌다. 양념으로 구운 양강근 조금, 캔들너트, 샬롯, 타마린드, 트라시, 고추를 각각 충분히 준비해 양념을 만든다. 단, 재료를 찧을 때 너무 으깨지지 않도

---

26 원문에는 육수를 뜻하는 Taugee가 쓰여 있지만, 조리법 내용상 두부를 뜻하는 taugoa의 오타인 것으로 보인다.

록 주의한다. 소고기 비계로 만든 기름에 양념을 볶는다. 카피르라임잎 두 장, 월계수잎을 넣고 젓다가 양념 색이 갈색으로 변하면 삶은 고기와 물을 넣고 익을 때까지 끓인다.

96. 고기 라원 | Rarawon daging

고기를 잘라서 삶는다. 양념으로 커민, 고수 씨앗, 후추, 양강근, 강황, 마늘, 샬롯, 캔들너트를 준비해 부드러워질 때까지 찧는다. 큰 프라이팬에 기름을 두르고 갈색빛이 날 때까지 양념을 볶는다. 이후 고기와 육수, 자른 호박을 넣고 거의 익을 때까지 끓인다. 이후 타마린드 물을 붓고 저어 준다. 타마린드 물은 타마린드 한 알에 소량의 물과 소금을 넣고 손으로 주물러서 만들고, 건더기는 버린다. 재료들이 다 익으면 불에서 내린다.

97. 닭고기 프첼 | Petjal[27] ajam

중간 크기 닭을 준비해 깨끗이 씻고 굽는다. 구운 닭의 살코기를 잘게 찢는다. 샬롯, 마늘, 트라시, 고추, 캔들너트, 산내를

---

[27] 오늘날의 닭고기 프첼(Pecel)은 튀긴 닭고기에 밥, 채소, 상발 소스로 구성된 음식이다. 하지만 조리법에 있는 내용은 지금의 요리 형태와 다르다.

찧은 후 코코넛밀크를 붓는다. 레몬그라스, 카피르라임잎을 넣고 끓어오를 때까지 익힌다. 마지막으로 닭고기와 리모 라임을 넣는다. 만약 리모 라임이 없다면 타마린드를 사용해도 된다.

98. 닭고기 프첼의 다른 형태 | Lain roepa

고추, 샬롯, 구운 캔들너트를 부드러워질 때까지 찧은 후 볶는다. 단, 코코넛밀크를 붓지 않는다. 고기와 리모 라임, 카피르라임잎(타마린드도 가능)을 넣고 끓을 때까지 익힌다. 제대로 끓었다면 확실히 익은 것이다.

99. 바나나 꽃봉오리 또는 닭고기로 만든 프첼 | Petjal ayam atau djantoeng pisang[28]

닭을 깨끗이 씻고 자른 후 소금과 후추로 간을 한다. 닭이 노릇해질 때까지 불에서 굽는다. 양념 재료인 생강, 샬롯, 레몬그라스, 산내, 코코넛 과육, 카피르라임잎을 모두 찧는다. 구워진 닭을 도자기 냄비에 담고, 그 위에 만들어 놓은 양념을 올린다.

---

28 바나나 꽃봉오리도 다른 채소들처럼 썰어서 요리에 사용한다. 다만 해당 조리법에는 구체적인 사용법이 언급되지 않았다.

100. 바나나 꽃봉오리 또는 닭고기로 만든 프첼의 다른 형태 | Lain roepa

닭 또는 돼지고기 한 마리를 자른 후 깨끗이 씻는다. 양념 재료인 생강, 샬롯, 레몬그라스, 산내, 고추를 간 코코넛 과육과 함께 부드러워질 때까지 찧은 후 고기와 섞는다. 물을 조금 넣고 익을 때까지 끓인다. 소금을 넣고 수분이 없어지면 불에서 내린다.

101. 스람 핀당 | Pindang[29] saram[30]

양념으로 레몬그라스, 양강근, 강황, 마늘을 준비해 찧은 후 익을 때까지 볶는다. 이후 타마린드 물을 붓고 생선을 넣는다. 마지막으로 월계수잎, 반으로 가른 고추, 간장, 설탕 약간을 넣는다.

---

29 맵고 시큼한 국물 요리를 말한다. 보통 생선을 주재료로 하지만 소고기나 닭고기를 사용해도 된다.
30 인도네시아 말루쿠 제도에서 두 번째로 큰 섬인 Seram(스람)에서 나온 요리명으로 보인다.

102. 닭고기 핀당 | Pindang ajam

양강근 조금, 고수 씨앗, 커민 조금, 둥글게 썬 레몬그라스를 찧는다. 트라시, 마늘, 고추를 볶다가 소량의 물과 닭고기를 넣는다. 국물이 걸쭉해질 때까지 끓인다(만약 영계를 사용한다면 물을 넣어도 되지만, 노계를 사용한다면 닭을 먼저 삶아야 한다). 단, 찬물을 추가로 붓지 않도록 주의한다. 요리를 낼 때는 국물과 닭고기를 담은 뒤에 타마린드 물과 소금을 조금 넣는다.

103. 간장 핀당 | Pindang ketjap

구운 타마린드를 물에 넣고 주물러 만든 타마린드 물과 고추를 준비한다. 간장과 기름을 살짝 두른 팬에 타마린드 물을 붓는다. 생선과 월계수잎을 넣는다.

104. 간장 핀당의 다른 형태 | Lain roepa

생선 배를 갈라 내장을 빼고 이등분한다. 양념 재료로 구운 샬롯과 살짝 찧은 양강근, 간장, 물을 큰 프라이팬에 넣고 끓인다. 그 위에 생선을 올리고 소금을 살짝 뿌린다. 거의 익을 때쯤 타마린드 물을 붓고 완전히 익힌 후 불에서 내린다.

105. 닭 또는 소고기로 만든 클루웍 핀당 | Pindang kaloeak[31] daging atau ajam

생선 또는 닭고기를 썰어 깨끗이 씻는다. 양념 재료인 샬롯, 마늘, 고추, 양강근, 레몬그라스, 강황을 얇게 채 썬다. 큰 프라이팬에 기름을 두르고 양념 재료를 볶는다. 노릇해지면 트라시를 넣고 젓다가 속을 파서 으깬 클루웍 네 알을 넣고 섞는다. 물을 넣고 끓이다가 고기를 넣는다. 고기가 다 익으면 썰어놓은 덩굴강낭콩을 넣는다. 모든 재료가 다 익었을 때 타마린드 물과 소금을 넣고 마무리한다.

---

31 클루웍(Kluwek) : 라원(Rawon)에 많이 쓰이는 향신료로, 크기는 밤보다 조금 더 크다. 단단한 껍데기를 깨면 춘장 같은 질갑의 검은색 과육이 들어 있다. 클루웍 과육은 국물을 걸쭉하게 만들고, 특유의 향이 감칠맛을 더해 준다. 천연 방부제 성분이 들어 있어서 생선을 신선하게 보관하기 위해 사용하기도 한다.

106. 생선 핀당 | Ikan pindang toemis

생선은 배를 갈라 내장을 바르고 깨끗이 씻어 준비한다. 양념 재료인 마늘, 샬롯, 고추, 양강근, 강황, 레몬그라스를 잘게 다진다. 큰 프라이팬에 기름을 두르고 트라시 한 조각과 소금을 조금 넣고 미리 준비한 양념과 함께 볶는다. 갈색빛이 나면 물을 넣고 끓인 뒤 생선을 넣는다. 타마린드 한 개에 물을 조금 넣고 주물러서 타마린드 물을 만든다. 생선이 다 익으면 타마린드 물을 붓고 저어 준 뒤 불에서 내린다.

107. 생선 핀당의 다른 형태 | Lain roepa

생선은 내장을 제거하고 깨끗이 씻는다. 마늘, 샬롯, 고추, 양강근, 트라시, 타마린드를 불에 구운 뒤 씻어서 양념으로 준비한다. 큰 프라이팬에 물을 넣고 양념 재료, 기름 조금, 소금을 넣고 끓인다.

108. 프티스 | Petis[32]

양강근, 고추, 생강 조금, 펑거루트는 많이 준비한다. 모든 재료를 잘게 썬 후 물에 넣고 끓인다. 충분히 끓인 후 양념된 프티스 두 숟가락을 넣고 걸쭉해질 때까지 익힌다. 단, 이따금 저어 주면서 타지 않게 주의한다. 이후 진한 코코넛밀크를 붓고 섞어 준 후 다시 걸쭉해질 때까지 끓인다.

109. 프티스의 다른 형태 | Lain roepa

채 썬 레몬그라스, 샬롯, 마늘, 고추, 강황, 펑거루트, 양강근, 카피르라임잎을 익힌다. 코코넛밀크와 프티스를 넣고 끓이다가 걸쭉해지면 불에서 내린 후 적당한 장소에 놓는다. 일주일에서 이 주일 정도는 상하지 않게 보관할 수 있다.

110. 닭고기 전골 | Ajam tjara selam

살이 오른 암탉을 깨끗이 씻고 껍질을 깐 통샬롯 한 접시, 마

---

[32] 생선 또는 새우를 끓인 육수에 소금과 설탕으로 간을 한 뒤 장시간 졸여 만든 소스

늘 두 쪽과 함께 팬에 넣는다. 코코넛밀크를 붓고 끓이다가 닭이 다 익으면 불에서 내린다. 트라시, 굴라 자와, 소량의 타마린드와 닭 육수를 섞는다. 정향, 육두구 껍질 다섯 장, 통계피, 통후추, 월계수잎 두세 장, 로즈메리 약간, 마저렴, 닭고기를 모두 넣고 약한 불에서 닭고기 색이 붉게 변할 때까지 익힌다. 국물이 졸아들면 버터를 추가해도 된다. 닭고기는 자르지 않고 통째로 요리한다.

111. 닭고기 바톡 | Batok[33] ajam

살이 오른 닭을 준비하고 살을 발라낸 뒤 잘게 다진다. 기름 없이 볶은 고수 씨앗과 커민, 후추, 구운 강황 한 조각, 산내, 마늘 조금, 샬롯 적당량, 생강 한 조각, 소량의 트라시를 모두 찧어서 골고루 섞는다. 기름 또는 닭 비계를 팬에 넣고 끓어오르면 미리 찧어 놓은 양념을 볶는다. 노릇해지면 불에서 내리고 다진 닭고기를 넣고 저어 준다. 완성된 속 재료를 바나나잎으로 감싼다. 이때 카피르라임잎과 레몬그라스 한 조각, 판단잎

---

33 바톡(Batok)은 코코넛 속껍질을 뜻한다. 조리법에 나오지는 않았지만, 완성된 요리를 코코넛 껍질로 만든 그릇에 담아낸 것에서 유래된 이름으로 보인다.

한 장도 함께 넣은 뒤 진한 코코넛밀크 한 숟가락과 달걀노른자를 그 위에 올려서 잎으로 감싼다. 감싼 재료를 찔 때 물이 잎 안으로 들어가지 않게 한다.

112. 포르투갈 라피스 | Lapis[34] portugees

우선 고기를 얇게 썰어 준 후 고기 윗면에 가볍게 칼집을 낸다. 손질된 고기는 노릇해질 때까지 기름에 튀긴 후 불에서 내린다. 단, 너무 오래 튀겨서 갈색빛이 나지 않도록 한다. 양념으로 샬롯과 마늘 두 쪽을 얇게 썰고, 고수 씨앗과 커민을 빻는다. 양강근을 으깨고 타마린드, 트라시, 쿨라 자와도 준비한다. 고기 육수를 준비해 냄비에 붓는다. 샬롯과 마늘을 갈색빛이 날 때까지 볶다가 으깬 양강근을 넣고 볶는다. 이후 미리 준비해둔 고수 씨앗, 커민, 타마린드, 트라시, 쿨라 자와, 육수를 붓고 수분이 사라질 때까지 볶는다. 마지막으로 소금과 후추, 고기를 넣고 볶는다. 이때 서두르지 말고 약한 불에서 천천히 익힌다.

---

[34] 라피스(Lapis)는 인도네시아어로 얇게 썬다는 뜻이다. 고기를 얇게 썰고 양념해 볶은 요리로, 식감은 갈비찜과 비슷하다.

113. 포르투갈 라피스의 다른 형태 | Lain roepa

후추, 고수 씨앗, 커민, 쌀, 샬롯 조금, 마늘 조금, 타마린드, 간장, 트라시를 먼저 볶는다. 이후 고기를 삶는다. 고기가 다 익으면 양념과 함께 볶다가 육수를 붓는다.

114. 영국 라피스 | Lapis inggris

고기는 닭고기를 사용하고, 먼저 얇게 썬다. 양념 재료인 생강, 고추 네 개, 소금을 찧는다. 달걀 세 알을 깨뜨려 앞서 준비한 양념과 섞는다. 썰어 놓은 고기를 넣고 잘 섞은 후 튀긴다.

115. 잎으로 감싼 라피스 | Lapis boengkoes

버터를 불에 올리고 다진 돼지 머릿고기를 볶는다. 밀가루, 소금을 넣고 볶다가 잠시 둔다. 일반적인 라피스 조리법처럼 닭 가슴살과 닭 다리 살을 다지고 정향, 육두구, 비스킷으로 양념한다. 이때 닭 뼈는 다지지 않고 빼둔다. 샬롯과 햄 또는 염장 고기를 다지고 후추와 육두구를 넣어 볶는다. 볶은 재료는 불에서 내리고 식힌다. 다 식으면 바나나잎으로 모든 재료를 감싼다. 밀가루와 미리 준비한 마늘 튀김을 위에 뿌린다.

116. 탕카르 | Tangkar[35]

먼저 고기를 자른다. 마늘, 양강근, 레몬그라스, 타마린드를 준비해 구운 후 부드러워질 때까지 빻고, 고수 씨앗, 커민, 후추와 섞어 양념을 준비한다. 큰 프라이팬에 코코넛오일을 두르고 고기와 앞서 준비한 양념을 섞는다. 이후 타마린드 물과 찬물을 조금 넣고 익힌다. 마지막으로 샬롯, 트라시를 넣고 마무리한다.

117. 물소 고기 또는 소고기로 만든 탕카르 | Tangkar sampi atau karbo

양념으로 마늘, 레몬그라스, 강황, 고추, 캔들너트, 생강, 양강근, 트라시, 타마린드를 준비하고 모두 구운 뒤 부드러워질 때까지 찧는다. 찧은 양념을 볶다가 카피르라임잎을 넣는다. 뒤

---

35 인도네시아 브타위(Betawi) 지역 방언으로 '소갈비'를 의미한다.

이어 고기를 넣고 육즙이 나올 때까지 끓이다가 잘라서 먼저 맛을 본 후에 물과 소금을 넣고 다시 익힌다.

118. 프리카세 | Frikassi

프리카세를 만들 때는 돼지고기가 필요하다. 우선 고기를 작은 크기로 잘라야 하는데, 너무 잘게 자르지 않도록 주의한다. 두 손가락 크기 정도로 자르면 된다. 손질한 고기에 소금, 트라시, 샬롯 반쪽, 후추, 정향, 육두구 껍질을 넣고 익힌다. 다 익으면 고구마, 실파, 완두콩, 버터를 넣고 다시 끓인다. 고구마가 부서지면 다 익은 것이다. 이후 소금을 넣어 마무리한다.

119. 돼지고기 카르마나치 | Karmanatji babi

돼지갈비를 준비하고 후추, 소금, 비스킷으로 문지른다. 불판에 놓고 바삭해질 때까지 익힌다. 식초, 버터, 간장을 섞은 후 고기와 잘 버무려 준다.

120. 세무르 | Smoor[36]

닭고기를 자른 뒤 깨끗이 씻는다. 간장, 키라임즙, 샬롯, 생강, 통후추를 넣고 고기를 삶는다. 삶은 고기를 튀긴 후 닭 육수를 붓는다. 튀긴 마늘, 버터, 정향, 육두구 씨앗, 빻아 놓은 빵 껍질을 넣고 끓이다가 국물이 걸쭉해지면 불에서 내린다.

121. 세무르의 다른 형태 | Lain roepa

물과 식초로 고기를 먼저 삶은 후 튀긴다. 그다음에 마늘, 육두구 껍질, 후추, 얇게 썬 생강을 넣는다.

122. 튀긴 세무르 | Smoor goreng

큰 프라이팬에 씻은 닭, 물, 간장, 식초, 월계수잎을 넣고 고기가 익을 때까지 끓인다. 샬롯을 채 썰고, 마늘을 튀긴다. 그다음에 삶은 고기를 튀긴다. 마지막으로 육수를 붓는다.

---

36 인도네시아식 고기 스튜

123. 끓인 세무르 | Smoor masak

큰 프라이팬에 고기, 간장, 식초, 샬롯, 마늘, 월계수잎, 물을 넣고 재료들이 익을 때까지 끓인다. 수분이 거의 다 사라지면 불에서 내린다.

124. 솔로 세무르 | Smoor solo[37]

세무르로 만들면 맛있겠다고 생각되는 살집이 많은 닭 한 마리를 준비한다. 닭을 자르고 씻은 후 충분한 크기의 팬에 닭이 잠길 만큼의 물을 넣는다. 양념으로 샬롯과 마늘을 채 썰고, 정향, 육두구 씨앗, 후추, 육두구 껍질, 계피, 월계수를 넣고 닭 육질이 연해질 때까지 끓인다. 수분이 거의 줄어들면, 트라시와 함께 볶은 고수 씨앗과 커민을 넣는다. 뒤이어 마늘 두 쪽, 굴라 자와, 타마린드 물, 코코넛밀크까지 붓고 익을 때까지 끓인다.

---

[37] 인도네시아 중부 자바지역에 있는 도시로 수라카르타(Surakarta)로도 불린다.

125. 빵나무 열매 | Soekoen[38]

닭 한 마리를 평소처럼 준비한다. 샬롯 조금, 마늘, 산내, 후추를 준비하되 후추는 통후추를 준비한다. 모두 섞은 뒤 곱게 찧는다. 일본 된장을 부드럽게 풀어 준다. 샬롯을 얇게 썰어 트라시와 함께 볶다가 미리 빻아 놓은 양념과 함께 다시 한 번 볶는다. 이후, 일본 된장과 닭고기, 약간의 물을 넣고 끓인다. 다 익으면 재료를 건져 내고 빵나무 열매와 달걀 한 알을 풀어 넣는다. 마지막으로 간장과 키라임즙을 넣어 마무리한다.

126. 커틀렛 | Kottelet

닭 한 마리를 잘라 깨끗이 씻고 라피스를 만들 때처럼 다진다. 샬롯, 고추, 생강을 으깨고 달걀노른자와 섞는다. 섞은 양념을 다진 닭고기와 버무린 뒤 버터에 튀긴다. 이때 잊지 말고 소금을 넣어야 한다.

---

38 인도네시아어로는 수쿤(Sukun)이라고 하는데, 씨가 없고 과육이 부드럽다. 요리하면 빵 맛이 난다고 하여 빵나무 열매라고 부른다.

127. 상가라 반당 | Sangar Bandang[39]

크기가 작은 닭을 준비해 네 등분으로 자른 뒤 코코넛밀크를 부은 팬에 넣는다. 양념으로 채 썬 고추, 레몬그라스, 양강근, 생강, 마늘 조금, 구운 강황 조금, 커민, 고수 씨앗, 후추, 소금, 트라시, 라임즙을 넣고 빻는다. 빻은 양념을 팬에 넣고 코코넛밀크가 졸아들 때까지 익힌다. 간 코코넛 과육을 조금 넣는다.

128. 아얌 고렝과 코코넛밀크 | Ajam goreng[40] sama santan

살집이 두툼한 닭 한 마리를 준비해 평소처럼 손질한다. 양념 재료인 샬롯, 레몬그라스, 트라시, 고추, 양강근, 월계수잎을 찧는다. 중간 크기의 닭으로 요리할 경우 코코넛 과육 한 통에

---

39 상가라 반당(Sanggara Bandang)은 카사바를 갈아 만든 반죽에 바나나를 넣고 찐 뒤에, 간 코코넛 과육에 굴려서 만든 음식이다. 인도네시아 술라웨시 부기스(Bugis)족 말로 상가라는 바나나튀김이라는 뜻이다. 하지만 원문에 있는 조리법은 이와 다른데, 요리명에 또 다른 의미가 있는지는 아직 밝히지 못했다.
40 닭고기 튀김이라는 뜻이다.

서 얻은 과육으로 코코넛밀크를 만든다. 양념과 닭고기를 섞은 후 익을 때까지 튀긴다. 튀길 때 소금을 넣어야 한다.

129. 아얌 고렝 | Ayam goreng

닭을 깨끗이 씻고 삶는다. 마늘, 양강근, 레몬그라스, 강황, 고추를 곱게 빻은 후 타마린드, 소금을 넣고 잘 섞는다. 삶은 닭을 튀긴 후 닭 육수를 붓고 끓인다.

130. 닭고기와 건포도 | Ajam sama kisjmis

살이 오른 닭을 준비해 네 조각으로 자르고 육수를 낸다. 버터에 밀가루를 넣어 색이 변할 때까지 볶은 뒤 육수, 포도주, 라임 조각을 넣는다. 재료들을 체에 거른 후에 으깬 라임, 정향, 계핏가루, 원하는 만큼의 설탕, 크고 작은 건포도와 섞는다. 마지막으로 육수 안에 있던 닭을 넣은 후 잠시 더 익힌다.

131. 라임즙과 함께 익힌 닭고기 | Ajam jang di masak sama koeah djeroek

닭이 익을 때까지 육수를 내며 끓인다. 육두구 껍질, 라임즙을 넣는다. 달걀노른자 여섯 알을 넣어 섞는다. 다 익으면 닭고기 위에 육수를 부어 마무리한다.

132. 구운 닭고기 | Ajam panggang

크기가 큰 영계를 준비해 가슴살과 모래주머니를 자른다. 버터와 얇게 썬 파슬리, 크기가 작은 마늘, 소금, 후추와 함께 고기가 절반 정도 익을 때까지 볶는다. 이후 완전히 익을 때까지 불에 굽는다. 먹을 때 소스를 넣어도 된다. 소스는 다음과 같이 만든다. 마늘 세 알, 처빌[41], 파슬리를 곱게 다지고 머스타드 두 손가락, 샐러드 오일, 소금, 후추, 식초와 섞는다. 소스는 차갑게 먹으니 익히지 않아도 된다.

---

41 원문에는 Krewel로 되어 있는데, 네덜란드어 Kervel의 오타인 것으로 보인다. Kervel은 처빌(Chervil)이라는 파슬리와 비슷한 허브 종류 중 하나다.

133. 구운 닭고기의 다른 형태 | Lain roepa (1)

살이 오른 영계를 준비해 날개와 다리를 자른다. 닭 몸통에서 가슴살과 근위를 자른 후 계피를 넣고 손으로 주무른다. 버터, 파슬리, 마늘을 넣은 팬에서 고기가 절반 정도 익을 때까지 볶는다. 볶은 고기를 미리 빻아 놓은 비스킷에 넣고 굴리면서 가루를 묻힌 후 다 익을 때까지 불에서 굽는다.

134. 구운 닭고기의 다른 형태 | Lain roepa (2)

닭 한 마리를 깨끗이 씻어 반으로 가른 뒤 불에서 굽는다. 절반 정도 익으면 닭 뼈가 부서질 때까지 두드린다. 간장, 후추, 버터를 키라임 한 개를 짜 낸 즙과 섞어서 양념을 준비한다. 닭을 다시 불판에 올리고, 바나나잎이나 닭털을 이용해 양념을 바르며 굽는다. 다 익으면 불에서 내린다.

135. 구운 닭고기의 다른 형태 | Lain roepa (3)

닭을 잘라 불에 굽는다. 고추와 캔들너트를 찧은 후 타마린드 볼, 머스타드, 으깬 샬롯을 섞어서 양념을 만든다. 구운 닭에 양념과 버터를 바르며 완전히 익을 때까지 더 굽는다.

136. 프랑스 음식 | Makanan fransman

고기를 아주 얇게 썰고 두드린 후에 육두구 씨앗, 후추, 소금, 네덜란드 계피를 넣는다. 물 조금, 식초를 부은 후 끓인다. 작은 크기의 프르크델을 튀기고 빵을 준비한다. 샬롯과 마늘을 얇게 썰고 버터 넣은 팬에서 볶는다. 이후 포도주(또는 마데이라 포도주도 가능), 정향, 육두구 껍질, 고기를 넣어 익힌다. 다 익으면 불에서 내린 뒤 빵, 프르크델과 함께 담아낸다.

137. 스리랑카 음식 | Seperti ceilon

상치라고 불리는 종류의 생선을 준비해 자른다. 깨끗이 씻은 후 소금을 뿌리고 하룻밤 재운다. 다음 날 소금을 제거하고 하루 동안 햇볕에 말린다. 하루가 지난 후 양념을 만든다. 양념 재료인 고수 씨앗, 커민, 후추, 강황, 고추를 곱게 찧고 소금을 넣는다. 식초에 타마린드를 넣고 주물러 타마린드 물을 만든 후 생선과 잘 섞는다. 항아리에 생선을 넣고 바람이 들어가지 않도록 잘 막는다.

138. 고베 바타비아 | Gobe batawie[42]

양념으로 고수 씨앗, 커민, 볶은 코코넛 과육, 샬롯, 트라시, 후추, 소금을 준비해 곱게 찧는다. 으깬 양념에 진한 코코넛밀크를 부은 후 끓인다. 고기를 아주 얇게 썰어 넣는다. 쿨라 자와와 코코넛밀크를 한 번 더 붓고 익힌다.

139. 고구마 속을 채운 오리 | Bêbêk isi dengan oebi

고구마를 물에 끓여 익힌 뒤 으깬다. 오리 간을 다진다. 채 썬 샬롯, 육두구 껍질, 후추, 정향을 찧은 후 버터 담은 팬

---

42 인도네시아어와 네덜란드어 사전 등을 찾아봤지만, 정확한 어원을 찾을 수 없었다. 다만, 비슷한 시기에 출간된 『Indonesisch kookboek』에서 'Gobe Betawi (gekruid rundvlees uit Batavia) ; 고베 바타비아(바타비아식 양념 소고기)'라는 목차를 통해 Gobe 의 뜻이 양념된 소고기일 것으로 추정했다. Batavia(바타비아)는 인도네시아 수도 자카르타의 옛 이름이다.

에 넣고 볶다가 오리 간과 고구마를 넣는다. 달걀 한 알과 비스킷을 넣고 잘 섞이도록 젓다가 불에서 내려 식힌다. 이후 식힌 재료를 오리 뱃속에 채워 넣고 터지지 않게 입구 부분을 꿰맨다. 속 재료가 밖으로 터져 나오지 않을 정도로만 속을 채운다. 꿰맬 때는 튼튼한 실을 사용한다.

140. 빵으로 속을 채운 오리 | Bêbêk isi dengan roti

먼저 빵을 우유에 담가 놓는다. 달걀노른자와 버터를 손으로 주무르며 잘 섞다가 소금, 펄리너트, 건포도, 빵을 넣는다. 오리고기는 먼저 튀긴다. 육두구 껍질, 후추, 정향, 육두구 씨앗을 준비해 빻아 준 후 비스킷과 섞는다. 채 썬 샬롯을 기름에 튀기고, 모든 재료를 오리 뱃속에 채워 넣는다. 속을 다 채운 후 꿰맨다.

141. 완두콩을 넣은 오리고기 스튜 | Baginama misti stoof bêbêk sama katjang pollong

오리고기를 버터에 넣고 노릇해질 때까지 볶는다. 팬에 밀가루를 조금 넣고 색이 노랗게 변할 때까지 볶는다. 완두콩 두 그

룻과 육수 두 대접, 파슬리 작은 묶음 한 개를 넣는다. 이어서 볶은 오리고기를 넣은 후 다 익을 때까지 뭉근하게 끓인다. 단, 불은 약하게 한다.

142. 올리브를 넣은 오리고기 스튜 | Bêbêk di stoof sama boeah olijf

버터에 오리고기가 노릇해질 때까지 볶은 후 육수를 붓고 끓인다. 거의 다 익으면 올리브를 넣는다. 단, 올리브를 넣기 전에 씨를 빼야 한다.

143. 사보이양배추를 넣은 오리고기 | Bêbêk jang di masak sama kool

어리고 살집 있는 오리고기를 노릇해질 때까지 기름에 볶는다. 오리 육즙은 그대로 둔다. 크기가 큰 사보이양배추를 물에 데친 후 잎을 때 준다. 땐 잎을 깔고 그 위에 튀긴 오리고기를 올린다. 소금, 후추, 비스킷, 버터, 우유를 넣은 후 고기 위로 육수를 끼얹는다. 위 아래로 열을 가해 모든 재료가 노르스름해질 때까지 익힌다.

144. 포도주를 넣은 오리고기 | Bagimana boleh masak bêbêk sama anggor

오리고기는 익을 때까지 물에서 끓인 후 건져내서 자른다. 잘라 놓은 고기를 버터에 튀긴 샬롯, 빻아 놓은 정향과 후추, 포도주 한 잔 가득, 물 한 컵 가득, 네덜란드 식초 한 컵 가득, 원하는 만큼의 설탕, 곱게 간 비스킷 두세 개와 함께 뭉근하게 끓인다.

145. 오리볶음 | Goreng bêbêk

오리고기를 자른 후 깨끗이 씻고 배를 갈라 삶는다. 다 익은 고기를 물에서 건진 후 볶는다. 접시에 놓는다. 샬롯을 기름에 볶은 후 육즙 있는 오리고기를 넣는다. 이후 기름 없이 볶은 밀가루, 육두구 씨앗, 후추, 계피, 설탕과 소금 약간, 카피르라임, 타마린드 물을 넣는다.

146. 가도가도 샐러드 | Sajoer gado-gado[43]

먼저 기름 없이 볶은 고수 씨앗, 커민, 후추와 기름에 볶은 코코넛 과육, 트라시, 샬롯, 산내, 양강근, 고추, 캔들너트를 찧은 뒤 볶아서 양념을 준비한다. 만들어 놓은 양념에 코코넛밀크를 붓고 끓인다. 줄콩, 공심채, 날개콩, 숙주나물, 덩굴강낭콩 등 각종 채소를 물에 끓여 건지고 물기를 뺀다. 샬롯과 고추를 얇게 썰고 익을 때까지 볶는다. 접시에 익힌 채소를 먼저 놓고 코코넛밀크 양념을 붓는다. 그 위에 리모 라임 또는 키라임을 뿌리고 사보이 양배추, 일반 양배추, 호박잎, 콩잎, 고구마잎을 섞는다.

147. 가도가도 샐러드의 다른 형태 | Lain roepa

죽순은 얇게 썰고, 줄콩, 덩굴강낭콩, 날개콩, 사보이양배추, 숙주나물을 작게 썬다. 모든 채소는 먼저 물에 끓여야 하고, 어린 채소로만 사용한다. 익은 채소를 건져 물기를 뺀다. 단, 채소를 너무 오래 익히지 않도록 한다. 양념으로 샬롯 대여섯 알,

---

43 여러 가지 채소를 끓는 물에 넣어 익힌 후 소스에 곁들여 먹는 인도네시아 전통 음식

마늘 두 쪽, 산내 작은 조각 한 개, 고추, 트라시 적당량을 준비하고, 소금을 뿌린 뒤 으깬다. 기름을 조금 두른 팬에 모든 양념 재료를 볶다가 갈색빛으로 변하면 진한 코코넛밀크를 넣고 잘 저으며 끓인다. 물에 데친 채소에 양념을 한 번 넣은 뒤에 도자기 냄비에 넣고 섞는다. 원하면 바질잎을 추가해도 좋다.

148. 우랍 | Djanganan[44]

줄콩, 숙주나물, 사보이양배추, 콩잎, 오이, 공심채, 덩굴강낭콩, 날개콩을 준비해 적당한 걸로 잘 고른 후 씻어서 한 접시에 담는다. 고추, 트라시, 구운 캔들너트를 곱게 찧는다. 타마린드, 소금, 쯔띠스를 준비하고 타마린드를 주무르며 타마린드 물을 만든다. 새우는 살을 발라 여러 조각으로 쪼개고, 새우 육수와 섞는다. 가도가도 샐러드처럼 먹으면 된다. 만약 코코넛을 넣는다면 과육을 부드럽게 간 후에 사용해야 한다.

---

44 당시 표기로는 Djanganan(장아난)이지만, 조리법상으로 볼 때 인도네시아의 전통 음식 우랍(Urap, 채소 샐러드)으로 보인다.

149. 스룬뎅 | Sarondeng[45]

먼저 강낭콩을 물에 담그고 하룻밤 그대로 둔다. 물에서 건진 강낭콩을 깨끗이 씻는다. 간 코코넛 과육을 볶은 후 빻는다. 기름 없이 볶은 후추를 곱게 으깬 후 미리 빻아 놓은 코코넛 과육과 섞는다. 트라시, 카피르라임잎, 채 썬 샬롯과 마늘을 넣고 볶다가 불려둔 강낭콩을 넣고 잘 섞는다. 이후 빻아 놓은 코코넛 과육과 쿨라 자와를 넣고 수분이 줄어들 때까지 끓인다. 마지막으로 타마린드 약간과 소금을 넣는다.

150. 새우 오탁오탁 | Otak[46] oedang

생강, 고추, 샬롯, 트라시, 새우, 갈지 않은 코코넛 과육을 준비하고 모두 곱게 찧는다. 이후 (페페스[47]를 만들 때처럼) 바나나잎으로 빻은 재료를 감싼다. 월계수잎과 소금을 넣고 익히다가 다 익으면 불에서 내린 뒤 접시에 담는다.

---

45 향신료와 함께 볶은 코코넛 과육이다. 주로 밥반찬처럼 먹는다.
46 오탁오탁(Otak-Otak) : 어묵을 바나나잎에 싸서 구운 요리
47 페페스(Pepes) : 양념한 생선을 바나나잎에 싸서 구운 요리

151. 삼치 오탁오탁 | Otak dari ikan tengiri

삼치를 물에 끓여 익힌 다음 찧는다. 코코넛밀크, 후추, 간 코코넛 과육, 캔들너트, 소금, 산내를 넣고 섞으면서 다시 곱게 으깬다. 이후 달걀과 채 썬 실파, 코코넛밀크, 설탕 한 조각을 넣고 잘 섞어 속 재료를 완성한다. 바나나잎에 준비한 속 재료를 넣어 강싼 후 불에서 굽는다.

152. 닭고기 속을 넣은 오믈렛 | Kaber koebertoe[48]

닭을 잘게 다진 후 팬에 넣는다. 강황과 함께 간 코코넛 과육을 준비한다. 두꺼운 대접을 준비해 코코넛 과육에서 코코넛밀크를 짜낸다. 샬롯, 마늘을 잘게 썰고 고수 씨앗과 커민을 기름 없이 볶은 뒤 코코넛밀크, 판단 잎 조금, 카퍼라임잎, 후추, 소금과 함께 찧는다. 키라임즙을 뿌리고, 닭고기와 섞어서 수분이 날아갈 때까지 익힌다. 달걀프라이를 얇게 부친 후 도자기 냄비 바닥에 깔고 그 위에 익힌 닭고기를 올린다. 이후 달

---
48 비슷한 시기에 출간된 『Indonesisch kookboek』에 나온 'Kaber kebertu (gevulde omelet met gekruid rundergehakt)' 카버 케베르투 (양념된 소고기 다짐육을 넣은 오믈렛)'라는 목차를 참고하여 닭고기 육을 넣은 오믈렛으로 번역했다.

걀프라이를 하나 더 부쳐서 닭고기를 덮는다.

153. 닭고기 속을 넣은 오믈렛의 다른 형태 | Lain roepa

닭을 한 마리 준비해 깨끗이 씻고 고기를 잘게 다진다. 간 코코넛 과육에 물을 조금 넣고 주무르면서 진한 코코넛밀크를 만든다. 추가로 물을 더 넣은 후 다시 주물러서 묽은 코코넛밀크를 만들고 건더기는 버린다. 양념으로 강황 조금, 캔들너트, 커민, 고수 씨앗, 후추, 샬롯을 빻은 후 코코넛오일을 조금 두른 큰 프라이팬에 넣고 볶는다. 이후 다진 닭고기, 묽은 코코넛밀크를 넣고 수분이 없어질 때까지 끓인다. 걸쭉해지면 진한 코코넛밀크, 소금을 넣고 젓다가 국물이 졸아 들면 불에서 내린다. 달걀 네다섯 알을 깨고 후추, 소금과 섞는다. 팬에 기름을 두르고 접시 하나 크기로 절반 정도만 익힌 달걀 프라이를 만든다. 다 되면 접시에 담고 담고 그 위에 닭고기를 올린다. 마지막으로 달걀프라이를 하나 더 만든 후 닭고기 위에 올려 덮는다. 따라서 위아래 모두 달걀프라이가 있으면 된다.

154. 아게 뎅뎅 | Dengdeng agé[49]

소고기 또는 물소 고기를 씻은 후 삶아서 익힌다. 다 익은 고기는 뎅뎅을 만들 때처럼 얇게 썬다. 타마린드, 소금, 기름 없이 볶은 고수 씨앗과 후추를 고기에 넣고 주무르며 섞는다. 이후 고기를 기름에 튀기고 다 익으면 불에서 내린다. 간 코코넛 과육, 고수 씨앗, 후추, 고추, 샬롯을 기름 없이 볶은 후 코코넛 과육만 빼고 나머지 재료들을 찧는다. 찧은 재료와 간 코코넛 과육, 고기를 넣어 섞는다. 이후 팬에 넣어 볶는다.

155. 생선 프르크델 | Frekedel ikan

도미를 준비해 배를 가르고 깨끗이 씻은 뒤에 잘게 다진다. 도미 껍질과 뼈는 꼭 제거한다. 파슬리를 곱게 다지고 수링잎[50]을 놓는다. 양념으로 후추, 육두구 씨앗, 소금, 달걀노른자 두 알을 준비한 후 다진 생선과 섞는다. 프르크델을 만든다. 간

---

49 인도네시아 중부 자바 지역의 대표 음식으로, 른당(Rendang)과 비슷하다. 소고기 또는 물소 고기를 사용한다.
50 수링(Suring)은 케네키르(Kenikir)라고도 불리며, 인도네시아 요리에서 샐러드로 자주 등장하는 식용 식물이다.

장, 키라임, 버터, 육수를 넣고 국물을 만든 후 생선을 넣는다. 익을 때까지 뭉근하게 끓인다.

156. 생선 프르크멜의 다른 형태 | Lain roepa

생선을 깨끗이 씻고 내장을 손질한다. 생선 껍질이 찢어지지 않도록 씻는다. 양념으로 정향, 육두구 씨앗, 후추, 소금을 넣고 곱게 빻은 후 손질한 고기, 달걀 한두 알과 섞는다. 팬에 버터 또는 코코넛오일을 두르고 생선을 넣어 익을 때까지 튀긴다. 간장, 키라임, 후추가루, 버터를 섞어 소스를 만들고 끓인다. 소스가 다 끓으면 튀긴 생선을 넣고 간이 밸 때까지 익히다가 불에서 내린다.

157. 쩽쭈안 | Ikan cincoan[51]

살이 많은 생선을 준비하고 배를 갈라 내장을 손질한 후 씻는다. 생선에 소금을 뿌리고 기름에 튀긴다. 샬롯, 마늘, 생강

---

51 쩽쭈안(Cencuan)은 인도네시아로 이주한 중국계 이민자에 의해 알려진 음식으로, 식초(또는 타마린드)와 된장이 들어간 생선튀김 요리다.

을 찧고 기름을 살짝 두른 큰 프라이팬에서 볶아 양념을 준비한다. 식초와 간장을 각각 조금만 넣고 끓인다. 이후 튀긴 생선을 넣은 뒤 끓으면 불에서 내린다.

158. 양념된 프르크델 | Boemboe frekedel

샬롯, 마늘에 일본 된장을 넣고 볶다가 물과 돼지고기 육수를 조금 붓는다. 뒤이어 작은 프르크델, 완두콩, 죽순을 넣고 끓인다. 뚜껑을 덮고 끓을 때까지 익힌다. 마지막으로 다른 프르크델 요리처럼 가공되지 않은 사구[52]를 넣는다.

159. 큰 새우 또는 꽃게로 만든 프르크델 | Frekedel kapiting atau oedang besar

꽃게를 깨끗이 씻은 뒤 자르지 않고 통째로 큰 프라이팬에 넣는다. 물을 조금 부어 익을 때까지 끓인 후 다 익으면 물에서 건진다. 게 껍데기를 떼서 따로 보관한다. 게 내장은 물론이고 게 다리 살까지 모두 발라 접시에 놓는다. 양념 재료로 정

---

[52] 야자나무에서 추출한 녹말

향, 육두구 씨앗, 육두구 껍질, 후추, 소금을 곱게 빻고 달걀 한두 알과 섞는다. 완성된 양념을 다시 게 껍데기에 담고, 비스킷 한두 개를 곱게 빻아서 꽃게 위에 뿌린 후 튀긴다. 간장, 키라임즙, 후춧가루, 버터, 게 육수를 끓여 소스를 준비한다. 완성된 소스를 튀긴 꽃게 위에 붓는다.

160. 상가라 반당 | Sanggar bandang (2)

닭을 잘라 물에 끓이고, 다 익으면 건져서 큰 프라이팬에 담는다. 구운 강황과 코코넛 과육을 갈고 샬롯과 마늘은 잘게 다진다. 양강근과 생강을 찧고 고수 씨앗과 커민, 소량의 코코넛 과육을 기름 없이 볶는다. 레몬그라스는 길게 썰고 키라임 껍질, 판단잎을 준비한다. 앞서 준비한 모든 재료를 닭고기와 섞은 뒤 익을 때까지 끓인다. 재료가 다 익으면 접시에 담는다.

161. 상가라 반당의 다른 형태 | Lain roepa

고수 씨앗, 커민, 후추, 레몬그라스, 양강근, 강황, 타마린드,

고추, 트라시, 캔들너트, 구운 코코넛 과육, 샬롯, 마늘, 카피르 라임잎 모두를 곱게 찧는다. 찧은 양념에 소고기 또는 닭고기를 넣고 앞서 소개한 요리처럼 똑같이 조리한다.

162. 암퇘지 굽는 법 | Bagimana misti panggang satoe babi susu

가장 먼저 팔팔 끓는 뜨거운 물을 준비한다. 건포도를 잘게 다진다. 기름이 묻지 않은 깨끗한 대야에 돼지고기를 잘라서 넣고 미리 끓여둔 뜨거운 물을 붓는다. 이렇게 하면 돼지털을 쉽게 제거할 수 있다. 고기를 물에서 꺼낸 뒤 상 위에 올린다. 돼지고기 위로 밀가루 한 웅큼을 뿌린 후 털을 뽑는다. 다시 밀가루 한 웅큼을 쥐고 (돼지고기) 위로 뿌린다. 깨끗해질 때까지 털을 뽑는다. 찬물로 옮겨 깨끗이 씻은 뒤 거친 천으로 문지른다. 배를 가를 때는 너무 넓게 가르지 않도록 주의하면서 내장을 꺼낸다. 가른 뱃속을 젖은 천으로 문질러 닦고 마른 천으로도 닦는다. 이때 물을 사용하지 않는다. 고기 다리를 잘라 따로 둔다(다리는 어떻게 사용할 것인지 끝에서 서술하

겠다). 돼지 내장은 이렇게 요리한다. 고구마를 여러 조각으로 자르고, 빵 조금에 육두구 씨앗만큼 또는 그 정도 크기로 버터를 준비한다. 후추와 소금을 조금씩 넣고 모두 섞은 후 돼지 뱃속에 넣어 준다. 이때 뱃속이 꽉 차도록 빵 껍질도 같이 넣는다. 바늘과 두꺼운 실을 준비하고 돼지 배를 꿰맨다. 끝이 뾰족한 꼬치를 준비해 고기를 꽂아 불 위에 올린다. 특히 꼬치의 양쪽이 뾰족하면 더욱 좋다. 또는 평평한 쇠막대를 중간에 걸고 밀가루를 계속 뿌린다. 돼지 눈알이 떨어질 때까지 고기를 굽는 내내 밀가루를 계속 뿌려야 한다. 돼지 고기에서 흐르는 육수도 잘 보관해야 하는데, 고기 아래 도자기 냄비를 놓고 흘러내리는 육수를 받아 낸다. 돼지가 다 구워졌다고 생각되면, 따뜻해지도록 숯을 섞는다. 거친 천을 준비하고 버터 약 100g을 천으로 감싼 후 돼지고기를 계속 문지른다. 끝나면 불에서 내린 후 도자기 냄비에 놓고 돼지 머리를 자른다. 뒤쪽까지 이등분한다(이 과정은 꼬챙이에서 고기를 빼기 전에 해야 한다). 돼지 귀를 자르고 접시 가장자리에 놓는다. 돼지 이빨 뼈를 자르고 한 조각씩 접시 가장자리에 놓는다. 녹인 버터 약간, 아까 준비해 놓았던 육수, 돼지 뇌를 모두 깨끗한 큰 프라이팬에 담은 뒤 끓인다. 다 끓으면 넓은 대접에 붓고 들어올려서 테이블에 놓는다.

163. 소고기 또는 닭고기로 만든 가돈 | Gadong[53] dari ajam atau sampi

닭고기 또는 소고기를 준비해 잘게 다진다. 기름 없이 볶은 고수 씨앗, 커민, 후추, 코코넛 과육, 트라시, 캔들너트, 양강근, 샬롯, 마늘, 산내, 후추를 곱게 찧어서 양념을 준비한다. 완성된 양념을 프르크델을 만들 때처럼 다져 놓은 고기와 섞는다. 추가로 달걀노른자와 코코넛밀크를 붓고 브보톡을 만들 때처럼 바나나잎으로 감싼다. 이때 월계수잎 또는 카퍼르라임잎을 넣는다. 잎으로 다 감쌌으면 바로 찐다.

164. 벵골 파이 | Poedji pastij benggala[54]

샬롯과 버터를 볶는다. 파슬리, 후추, 셀러리, 마늘, 계피, 정

---
53 가돈(Gadon) : 다진 고기, 달걀, 코코넛밀크를 섞어서 바나나잎으로 감싼 후 쪄 먹는 음식이다.
54 인도 또는 중국에서 건너온 큰 양파

향, 육두구 씨앗, 포도주, 목이버섯, 월하향[55], 락사 면, 완두콩, 소두구, 마저렁잎, 세이지[56], 키라임, 타마린드를 넣는다. 고기와 육수를 넣고 걸쭉해질 때까지 끓인다. 작은 프르그델을 넣는다. 밀가루 반죽으로 덮은 후 난로에 놓는다. 전부 익을 때까지 굽는다.

165. 롤라드 | Rollade[57]

크기가 큰 돼지고기를 준비하고 자른 뒤 씻는다. 다 씻은 후 뼈를 발라내고 열 손가락 정도 너비에 두 뼘 정도 길이로 썬다. 후추, 육두구 껍질, 정향, 육두구 씨앗, 소금을 빻은 후 고기에 뿌린다. 고기를 돌돌 말아준 후 꽉 묶는다. 묶은 고기를 소금물에 넣고 끓이다가 네덜란드 식초를 넣는다. 마지막으로 고기 연화제도 넣는다.

---

55   네덜란드 수선화. 다른 채소와 함께 볶아서 먹는다.
56   원문에는 Sale라고 쓰여 있는데, 정확한 의미를 찾을 수 없었다. 요리에 자주 쓰이는 허브 중 하나인 세이지(Sage)를 잘못 쓴 것으로 보인다.
57   얇게 저민 고기에 채소를 말아 익힌 음식이다.

166. 소디 카레 | Sodie[58] (2)

닭고기를 자른다. 고수 씨앗, 커민, 후추, 마늘, 강황을 모두 찧고 버터를 넣은 팬에서 볶는다. 카피르라임잎, 채 썬 샬롯, 닭고기와 닭 육수를 붓고 끓인다. 키라임 또는 타마린드를 네 알 준비해 즙을 짜 넣는다. 없다면 수리낭 체리를 사용해도 된다. 소금도 반드시 넣어야 한다.

167. 맑은 채소 수프 | Sajoer tetegé[59]

트라시, 펑거루트, 샬롯, 소금을 함께 빻는다. 큰 프라이팬에 물을 담아 끓이고 먹기 좋게 자른 어린 옥수수를 조금 넣는다. 옥수수가 익으면 채소를 넣고 익을 때까지 뚜껑을 덮는다. 완성된 요리를 먹을 때는 묽은 삼발과 함께 먹는다.

---

58   앞서 언급했던 '소디 카레(Kari Sodi)'와 조리법이 유사하다.
59   Tetegé의 정확한 의미를 찾기는 어려웠지만, 조리법으로 유추해 보면 인도네시아 사람들이 자주 먹는 채소 수프인 사유르 바얌(Sayur bayam)인듯 싶다. 사유르는 채소라는 뜻이고, 바얌은 시금치를 의미한다. 사유르 바얌의 주재료는 시금치와 옥수수다.

168. 코코넛 채소 요리 | Sajoer tjoendidoe[60]

모든 형태의 채소를 사용해도 된다. 줄콩, 양배추, 잭프루트, 덩굴강낭콩 등을 미리 얇게 썰고 물에 끓여서 익힌다. 다 익으면 끓인 물을 절반만 버린다. 샬롯, 강황, 고추, 간 코코넛 과육, 소금을 찧은 후 앞서 채소를 익힌 냄비에 넣고 수분이 사라질 때까지 볶는다. 타지 않도록 주의하고 마지막으로 키라임즙을 넣는다.

169. 클루웍 채소 요리 | Sajoer kloeak

고추, 마늘, 양강근, 레몬그라스, 강황을 빻아 양념을 준비한다. 마늘과 트라시를 먼저 볶다가 나머지 양념 재료도 넣고 볶는다. 양념이 다 되면 타마린드 물을 붓고 고기를 넣는다. 고기를 넣은 후에 물을 추가로 붓는다. 마지막으로 클루웍을 곱게 으깬 뒤 넣어서 마무리한다.

---

60 Tjoendidoe의 정확한 뜻을 찾을 수 없으나, 조리법상으로 코코넛이 들어간 채소 요리 정도로 볼 수 있다.

170. 로데 | Sajoer lodé[61]

강낭콩이 거의 익을 때까지 삶는다. 죽순을 얇게 썰고 거의 익을 때까지 삶다가 물을 버린다. 덩굴강낭콩, 쥴콩, 잭프루트, 붉은 가지를 준비한다. 양념 재료로 샬롯, 고추, 양강근, 레몬그라스, 카피르라임, 월계수잎, 고수 씨앗, 커민을 모두 큰 프라이팬에 넣고 가열될 때까지 기름 없이 볶다가 곱게 찧는다. 간 코코넛 과육을 준비해 절반은 볶고, 나머지 절반은 손으로 주무르며 진한 코코넛밀크를 만든다. 볶은 코코넛 과육을 곱게 빻아서 앞서 준비한 양념에 섞는다. 큰 프라이팬에 기름을 조금 두른 뒤 트라시 한 조각과 미리 준비해 둔 양념을 넣는다. 이후, 삶은 강낭콩과 채소를 전부 넣고 익힌다. 마지막으로 만들어 놓은 진한 코코넛밀크와 소금을 넣고 저어 준 뒤 불에서 내린다.

171. 로데의 다른 형태 | Lain roepa

커민, 고수 씨앗, 후추, 양강근, 레몬그라스, 캔들너트, 카피르라임잎을 큰 프라이팬에 담고 재료가 가열될 때까지 기름

---

61 로데(Lodeh) : 코코넛밀크를 붓고 끓인 인도네시아 채소 수프

없이 볶은 후 찧는다. 코코넛 과육을 간 후에 절반은 앞서 찧어 놓은 양념과 섞고 으깬다. 나머지 절반으로는 코코넛밀크를 만든다. 고추 두세 개를 찧고, 마늘과 양파를 얇게 썬 뒤에 기름을 조금 두른 큰 프라이팬에 담아서 볶는다. 마늘과 샬롯 색이 노릇해지면 트라시 한 조각과 양념을 넣고 잘 저어 준다. 뒤이어 묽은 코코넛밀크를 붓고 채소를 넣어 끓이다가 거의 익을 때쯤 진한 코코넛밀크와 소금을 넣고 마무리한다.

172. 시금치 또는 숙주로 만든 채소 수프 | Sajoer taugé atau bajem

양념 재료로 고추, 트라시, 샬롯, 캔들너트, 펑거루트를 준비해 찧는다. 큰 프라이팬에 물을 붓고 빻아 놓은 양념과 소금을 넣어 익힌다. 양념 물이 끓으면 채소를 넣는다.

173. 가도 가도 | Sajoer gado-gado

줄콩, 덩굴강낭콩, 어린 날개콩을 적당한 크기로 자른다. 큰 프라이팬에 물을 조금 붓고, 앞서 손질한 채소를 넣어 데친다.

뒤이어 숙주를 넣고 데친 후 물을 버린다. 커민, 고수 씨앗, 후추를 큰 프라이팬에 넣고 기름 없이 볶다가 열이 오르면 불에서 내린다. 샬롯, 마늘, 산내, 생강과 함께 찧는다. 코코넛 한 통에서 얻은 과육에 소금을 넣고 곱게 간 뒤 미리 찧어 놓은 양념과 섞으며 부드러워질 때까지 다시 으깬다. 완성된 양념을 미리 익혀둔 채소와 잘 섞고, 대접에 담는다. 채 썬 마늘과 샬롯, 고추를 노릇해질 때까지 볶은 뒤 건져서 채소 위에 올린다.

174. 아메 꾸무떼 | Ame koemoete

달걀을 절반 정도 익을 때까지 삶는다. 삶은 달걀의 껍데기를 벗기고, 눌러서 살짝 납작해지게 만든다. 샬롯, 고추, 강황, 소금을 곱게 찧은 뒤 코코넛밀크를 붓고 익을 때까지 끓인다. 마지막으로 타마린드 물과 삶아 놓은 달걀을 넣어 익힌다.

175. 라구 | Ragu

작은 크기로 자른 닭을 양파와 함께 볶다가 육수를 붓는다. 목이버섯, 락사 면, 썰어 놓은 작은 양파, 키라잎즙을 넣눈다. 양념은 작은 프르크델을 만들 때와 같다. 완성된 요리를 도자기 냄비에 담을 때는 미리 삶은 달걀을 반으로 쪼개 맨 위에 올린다.

176. 푸디치 | Poeditji[62]

푸디치 요리에 앞서 돼지고기를 작은 크기로 썬다. 큰 프라이팬을 준비한 뒤 샬롯(샬롯은 얇게 채 썬다), 레몬그라스, 반을 가른 고추, 통후추, 카피르라임잎, 코코넛밀크, 강황, 키라임, 소금을 넣는다.

177. 닭고기 브셍엑 | Ajam besenjék[63]

양념 재료로 고수 씨앗, 커민, 후추, 샬롯, 트라시, 양강근, 레몬그라스, 고추, 캔들너트, 마늘 한 알을 준비하고, 닭과 함께 끓인다. 이후, 닭에 코코넛밀크를 발라 주며 불에서 굽는다.

---

62 정확한 의미를 알 수 없었다.
63 국물이 자작하게 있는 인도네시아 고기 채소 수프

178. 닭고기 브셍엑의 다른 형태 | Lain roepa (1)

닭을 반으로 가른 후 노릇해질 때까지 불에서 굽는다. 양념 재료로 마늘, 양강근, 레몬그라스, 카피르라임잎, 캔들너트, 고추, 커민, 고수 씨앗, 후추, 소금을 준비해 곱게 찧는다. 큰 프라이팬에 코코넛오일을 살짝 두른 뒤 양념 재료를 볶다가 묽은 코코넛밀크를 붓는다. 뒤이어 구운 닭을 넣고 익을 때까지 끓인다. 마지막으로 진한 코코넛밀크를 붓고 걸쭉해질 때까지 저어 주다가 불에서 내린다.

179. 닭고기 브셍엑의 다른 형태 | Lain roepa (2)

닭을 깨끗이 씻은 후 불에서 굽고 자른다. 양념 재료인 샬롯, 레몬그라스, 양강근, 마늘, 고추, 카피르라임잎, 커민, 고수 씨앗, 후추, 소금을 곱게 찧는다. 코코넛 과육을 간 뒤 절반을 큰 프라이팬에 넣고 노릇해질 때까지 볶다가 빻는다. 빻은 양념을 으깬 양념과 섞는다. 나머지 코코넛 과육에는 물을 반 대접 붓고 진한 코코넛밀크를 만든다. 큰 프라이팬에 코코넛오일을 두르고 양념을 넣어 볶다가 구운 닭, 진한 코코넛밀크를 순서대로 붓는다. 재료가 다 익을 때까지 젓다가 불에서 내린다.

180. 사탄 | Setan[64]

닭을 얇게 썰고 중간 불에서 굽는다. 고추 열 개를 준비해 씨를 제거한 뒤 샬롯, 마늘과 함께 곱게 찧는다. 찧은 재료에 겨자와 버터를 섞어서 닭 겉면에 문지르며 바르고 다시 굽는다. 닭을 굽는 동안 소금을 뿌리고 버터를 발라줘야 한다.

181. 파모데로 | Pamodero[65]

고수 씨앗, 커민, 산내, 펑거루트, 양강근, 트라시, 샬롯, 마늘, 캔들너트, 고추, 카피르라임잎을 찧는다. 으깬 양념에 코코넛밀크를 붓고 끓이다가 고기(소고기 또는 물소 고기)를 넣고 육질이 부드러워질 때까지 끓인다. 단, 고기는 미리 삶아서 육질이

---

[64] 인도네시아어로 Setan(세탄)은 '사탄(악마)'이라는 뜻이고, 네덜란드 요리에도 duivelse kip(악마의 닭고기)라는 비슷한 조리법을 가진 음식이 있다.
[65] 현대 인도네시아 음식에서는 사라진 메뉴로 보인다. 하지만 비슷한 시기에 출판된 다른 요리책에는 동일한 요리가 실려 있다. 다만 요리 재료와 조리법은 책마다 조금씩 다르다.

부드러운 상태인 것을 넣는다. 마지막으로 공심채 또는 말린조 잎을 넣는다.

182. 고구마를 넣은 닭고기 룸프르 | Lemper[66] ajam dari oebi

고수 씨앗, 커민, 후추를 기름 없이 볶은 후 마늘, 샬롯, 트라시, 산내, 소금, 설탕과 함께 찧는다. 찧은 양념을 코코넛밀크에 넣고 끓인 뒤 레몬그라스, 카피르라임잎을 넣는다. 재료가 끓으면 잘게 찢은 닭고기를 넣고 끓이다가 채 썬 무 또는 하얀 호박을 넣고 수분이 없어질 때까지 졸인다. 수분이 적으면 나중에 바나나잎으로 감쌀 때 편하다. 졸인 재료를 바나나잎으로 다 감싼 후에 불에 굽는다.

183. 속이 든 파이 | Pastij poenja isi

자르기 쉬운 작은 비둘기와 닭을 준비하고 깨끗이 씻어서 절반 정도 익을 때까지 튀긴다. 통마늘, 목이버섯, 파, 사보이양배추,

---

66 찰밥에 다진 고기를 넣은 후 바나나잎으로 싸서 만든 인도네시아 음식

완두콩, 락사 면, 생강을 물에 넣고 끓인다. 끓인 재료에 닭고기 육수를 붓고 천천히 익힌다. 서두르지 않는다. 소량의 육두구 껍질, 육두구 씨앗, 비스킷을 빻아서 넣는다. 작은 프르크델을 만든다. 삶은 달걀노른자 여덟 알을 으깨서 넣고 잘 섞는다. 접시에 담을 때 삶은 달걀을 반으로 쪼개고 키라임즙을 뿌려 같이 담는다.

184. 고기 귀 요리 | Masak koeping

고추를 잘게 다지고 마늘, 후추, 생강, 달걀, 빵은 산내와 섞는다. 섞은 양념을 미리 다져 놓은 고기와 섞는다. 밀가루와 달걀에 물을 조금 부어서 반죽을 만든다. 밀가루 반죽에 미리 양념해 놓은 다진 고기를 넣어 감싼다. 샬롯과 부추를 기름에 볶고 부추가 붉게 변하면 일본 된장과 돼지고기 육수를 붓는다. 육수가 끓으면 밀가루 반죽에 감싼 고기를 넣는다. 마지막으로 파, 완두콩, 채 썬 고수잎, 후춧가루와 소금을 넣는다.

185. 코코넛밀크가 들어간 소간 요리 | Lampag loempoek

소고기 또는 물소 고기의 간을 썰고 큰 프라이팬에 넣어 삶는다. 고기가 다 익으면 육수와 함께 건져 둔다. 고수 씨앗, 커민, 후추를 기름 없이 볶고 산내, 샬롯, 고추, 간 코코넛 과육과 함께 찧는다. 찧은 양념에 코코넛밀크를 붓고 수분이 없어질 때까지 끓인다. 재료가 졸아들면 월계수잎과 미리 삶아둔 간을 넣는다.

186. 스탬폿 | Hutspot[67]

소금에 절인 돼지고기를 삶은 후 큰 프라이팬에 담고 기름과 짠 육수는 숟가락으로 떠낸다. 돼지 비계에 양파를 볶는다. 단, 갈색빛이 돌기 전까지 절반 정도만 익힌다. 볶은 양파에 돼지고기 육수를 붓고 후추와 비스킷을 넣는다. 고구마와 감자를 각각 익힌다. 음식을 내기 직전에 모든 재료를 다 섞은 후 접시에 담는다. 당근과 무를 추가로 더 넣어도 좋다.

---

[67] 네덜란드 감자 요리

187. 샬롯을 곁들인 줄무늬고등어 | Dop[68] bawang

줄무늬고등어를 깨끗이 씻은 후 너무 바삭해지지 않을 정도로만 튀긴다. 얇게 썬 생강과 동그랗게 썰어 놓은 샬롯을 넣고 가볍게 튀긴다. 마지막으로 간장, 키라임즙, 정향, 팔각, 버터를 넣고 모두 익을 때까지 조리한다.

188. 타마린드 소스로 양념한 닭튀김 | Doepi assé[69]

닭을 자르고 마늘을 튀긴다. 간장과 타마린드를 준비하고, 타마린드 물을 만든다. 고추를 썰어 타마린드 물에 넣은 후 닭에 붓고 섞는다. 마지막으로 닭이 익을 때까지 기름에 튀긴다.

---

68 인도네시아어로 Dop(돕)은 바퀴 덮개이고, 네덜란드어로는 뚜껑이라는 뜻이 있다. 조리된 생선 위에 튀긴 샬롯을 덮는 방식에서 유래된 이름으로 보인다.
69 원문 요리명에 대한 정확한 의미를 알 수 없었다. 조리법으로 볼 때 타마린드 소스로 양념한 닭튀김으로 보인다.

189. 칼리오 | Kelia[70]

구운 닭과 타마린드 물을 준비한다. 양념 재료인 후추, 고수 씨앗, 커민, 샬롯, 생강, 양강근, 레몬그라스, 산내, 고수, 캔들너트는 기름 없이 볶은 후에 빻는다. 트라시와 마늘을 기름에 볶다가 빻아 놓은 양념 재료를 넣는다. 재료가 하나로 잘 섞이면 코코넛밀크, 설탕, 타마린드 물, 구운 닭을 차례로 넣는다. 단, 구운 닭은 먹기 좋은 크기로 썬 후에 넣는다.

190. 거세한 수탉 스튜 | Stoof ajam Kabiri

거세한 수탉 중에 살집이 두툼한 닭을 준비해 깨끗이 씻는다. 씻은 후에는 닭이 익을 때까지 삶다가 양념을 넣는다. 제비집, 소시지, 목이버섯을 넣고 뭉근하게 끓인다.

191. 간장 닭볶음 | Ajam goreng sama ketjap

닭을 먹기 좋은 크기로 자른 후 깨끗이 씻고 통마늘과 통생강,

---

70 인도네시아 전통 요리인 칼리오(Kalio) 조리법과 같다.

통후추를 넣어서 삶는다. 다 익은 닭에 식초와 소금으로 간을 하고 기름에 튀긴다. 간장, 키라임즙, 후추, 빵가루, 버터에 볶은 마늘, 육두구 씨앗을 넣고 잘 섞는다. 수분이 없어질 때까지 볶는다.

192. 덩굴강낭콩 굴라이 | Goelei boontjis

먼저 고수 씨앗, 커민, 쌀을 기름 없이 볶고 마늘과 샬롯, 소금, 강황을 곱게 빻아서 양념을 준비한다. 준비한 양념 재료에 코코넛밀크를 붓고 볶는다. 마지막으로 덩굴강낭콩을 넣는다. 만약 고기를 넣고 싶다면 원하는 고기 종류를 추가해도 좋다.

193. 코자식 굴라이 | Goelei kodja[71]

고수 씨앗, 커민을 기름 없이 볶는다. 쌀, 호로파 씨앗, 아니스, 정향, 육두구 껍질, 계피, 강황, 마늘, 생강과 함께 모두 곱게 빻는다. 고기를 튀긴다. 타마린드를 손으로 주물러서 타마린드

---

[71] 1641년 네덜란드 동인도 회사는 포르투갈 제국이 지배하던 물라카(Melaka)를 점령했다. 당시 물라카에 거주하던 포르투갈계 전쟁 포로들이 인도네시아 바타비아(현 자카르타) 북부에 있는 코자(Koja)로 넘어와 정착했다.

물을 만든다. 고기, 양념, 타마린드 물을 모두 섞고 익힌다.

194. 코자식 굴라이의 다른 형태 | Lain roepa

고수 씨앗, 커민, 후추를 기름 없이 볶고 강황, 샬롯, 생강, 코코넛오일, 소금을 준비한다. 준비한 양념 재료를 고기에 넣고 손으로 주무르며 잘 섞은 후 익힌다. 샬롯, 호로파 씨앗, 쌀, 팔각, 정향, 육두구 씨앗을 찧은 뒤 코코넛밀크를 붓고 기름에 볶는다. 마지막으로 익힌 고기를 넣고 끓인다.

195. 닭고기 또는 소고기 굴라이 | Goelei ajam atau daging

닭고기 또는 소고기를 작게 잘라 깨끗이 씻는다. 간 코코넛 과육 절반을 큰 프라이팬에 넣고 노릇해질 때까지 볶는다. 색깔이 변하면 꺼내서 곱게 빻는다. 나머지 과육 절반을 대접에 넣고 물을 부어 손으로 주무른 후 코코넛밀크를 만든다. 양념 재료로 커민, 고수 씨앗, 후추, 강황, 레몬그라스, 양강근, 캔들녀트를 준비하고 곱게 찧는다. 미리 찧어 놓은 코코넛 과육과 섞는다. 샬롯 대여섯 알과 마늘 두세 쪽을 얇게 썰고 코코넛오일을 두른 큰 프라이팬에서 노릇해질 때까지 튀긴다. 미리 준비한 양념과 작은 크기의 트라시 한 조각도 넣는다. 타마린드에 물을 조금 넣고 즙을 낸 후 팬에 붓는다. 소고기 또는 닭고기를 넣고 젓다가 뚜껑을 닫고 익힌다. 마지막으로 진한 코코넛밀크와 소금을 넣고 잘 섞은 후에 불에서 내린다.

196. 닭고기 또는 소고기 굴라이의 다른 형태
| Lain roepa

닭을 작게 썰고 깨끗이 씻는다. 간 코코넛 과육에 물 한 대접을 붓고 손으로 잘 주무르며 진한 코코넛밀크를 만들어 다른 그릇에 담는다. 과육 건더기에 다시 물 한두 대접을 더 붓고 다시 주무르며 묽은 코코넛밀크를 만든다(과육은 버린다). 양념으로 고수 씨앗, 커민, 후추, 캔들너트, 레몬그라스, 양강근, 강황, 카피르라임잎을 준비해 곱게 갈아 준다. 간 양념을 소고기 또는 닭고기와 섞고 묽은 코코넛밀크를 부어 끓인다. 이후

마늘과 샬롯도 채 썰어 넣는다. 재료가 다 익으면 마지막으로 진한 코코넛밀크와 소금을 넣고 젓다가 불에서 내린다.

197. 생두부 튀김 | Goreng tahoe basah

생두부를 튀긴 후 작은 크기로 썬다. 기름에 마늘을 튀기다가 타오초와 파를 넣는다. 이후 튀긴 두부와 섞는다. 원하면 부추와 새우를 넣어도 좋다.

198. 건두부 튀김 | Goreng tahoe kring

건두부를 튀긴 후 작은 크기로 썬다. 이후 통마늘, 고기 비계와 함께 튀기다가 타오초, 샐러리를 넣는다. 마지막으로 두부를 넣고 모든 재료가 익을 때까지 볶는다.

199. 새우 파이 | Pastij oedang

샬롯을 썬 후에 새우와 함께 튀긴다. 이후 육두구 껍질, 비스킷, 후추, 키라잉, 채 썬 파를 넣고 익힌다. 거의 다 익으면 육수를 붓고 달걀노른자를 넣는다.

200. 락사 면 요리 | Thoojang[72]

마늘을 볶다가 뜨거운 물을 붓는다. 락사 면, 파, 부추를 넣는다. 마지막으로 후추, 소금을 넣고 익을 때까지 끓인다.

201. 타오초를 넣은 돼지고기 | Babi masak sama tautjo

돼지고기를 준비하고 비계를 잘라낸다. 마늘과 돼지비계를 함께 튀긴다. 이때 마늘을 누르면서 으깬다. 이후 타오초와 돼지고기를 넣고 재료가 익을 때까지 볶는다. 마지막으로 썰어 놓은 부추와 파를 넣는다.

72　Thoojang의 정확한 의미는 찾을 수 없었다. 락사 면을 이용한 요리 중 하나인 것으로 보인다.

202. 분두 분두 | Boendoe boendoe[73]

닭고기를 준비해 깨끗이 씻은 후 잘게 다진다. 간 코코넛 과육에 물을 넣어 손으로 주무르며 진한 코코넛밀크를 만든다. 닭고기에 후추, 레몬그라스, 카피르라임잎, 월계수잎, 판단잎, 소금, 타마린드 약간을 넣고 미리 만든 코코넛밀크를 부어 수분이 없어질 때까지 끓인다.

203. 눈볼대 요리하기 | Bagimana bikin ikan merah[74]

소금 한 대접과 멸치 두 대접을 준비한다. 멸치는 깨끗이 씻어서 채반에 놓고 물기를 뺀다. 이후 소금에 멸치를 넣고 하룻밤 재운다.

204. 눈볼대 | Ikan merah

눈볼대 머리 부위를 제거한다. 오이는 안쪽에 있는 씨를 제거한

---

[73] 인도네시아 술라웨시 남부 지역의 음식
[74] 한국에서는 금태라는 생선 이름으로 잘 알려져 있다.

후 얇게 썬다. 샬롯을 채 썰고, 고추도 씨를 파낸 후 얇게 썬다. 뜨거운 물을 준비하고 그 안에 모든 재료를 넣는다. 마지막으로 간장 약간, 식초, 키라임을 넣고 잘 저어 준 후에 먹으면 된다.

205. 롬프르 | Lemper[75]

고수 씨앗, 커민, 후추, 마늘, 트라시, 산내, 소금을 부드러워질 때까지 곱게 찧는다. 으깬 양념과 코코넛밀크를 볶다가 잘게 찢어 놓은 닭고기를 넣고 섞는다.

206. 닭고기 브셍엑 | Besenjék ajam (2)

닭을 반으로 가르고, 불에 구워서 절반 정도 익힌다. 구운 닭은 절구에 넣고 뼈가 부서질 때까지 찧는다. 이후 불에 한 번 더 굽는다. 양념 재료로 고수 씨앗, 커민, 양강근을 넉넉하게 준비하고, 샬롯, 마늘, 생강과 함께 으깬다. 큰 프라이팬

---

[75] 찹쌀 안에 향신료, 다진 고기, 코코넛밀크로 만든 속을 넣고 바나나잎으로 감싼 뒤 먹는 음식이다.

에 기름을 두른 후 달궈지면, 앞서 준비한 양념을 넣고 볶다가 진한 코코넛밀크, 레몬그라스, 월계수잎, 구운 닭을 넣고 수분이 없어질 때까지 끓인다. 다 졸아들면 불에서 내린다. 타마린드와 설탕을 약간 넣는다.

207. 달걀 크림 | Salie dari telor

달걀노른자 열 알을 준비하고 마데이라 와인 반컵, 설탕과 장미수를 넣고 잘 젓는다. 불 위에서 익히다가 키라임즙 한 컵을 붓는다.

208. 카르마나치 스튜 | Stoof karmanatjie

닭을 준비한 뒤 살을 잘게 다진다. 버터와 샬롯을 먼저 볶다가 후추, 비스킷, 육두구, 키라임을 추가로 넣어 함께 볶는다. 육수를 부은 후 미리 손질해 둔 닭고기를 넣는다. 마지막으로 락사 면과 통마늘을 넣고 마무리한다.

209. 프르크멜이 들어 있는 스튜 | Frekedel di stoof

닭고기를 준비하고 살을 잘게 다져 부드럽게 만든다. 빵을 미리 우유 또는 육수에 담가 놓았다가 꺼내서 다진 고기와 섞는다. 마늘을 잘게 썰어 물에 담가 둔다. 팬에 육수를 붓고 빵과 섞어 놓은 닭고기와 양념 재료인 육두구, 후추, 소금, 달걀노른자 세 알을 넣고 잘 섞는다. 팬을 오븐에 넣은 뒤 팬 아래쪽에는 약한 불로, 위쪽에는 그보다는 센불로 맞춰 익힌다.

210. 돼지고기 프리카세 | Frekasi dari babi

돼지고기 다릿살을 준비해 잘게 썰고 익힌다. 다 익으면 채 썬 마늘, 와인 두 잔, 후추, 정향을 넣고 뭉근하게 끓인다. 다 되면 식초와 머스터드를 넣는다.

211. 소고기 스테이크 | Beefsteak

정육업자에게서 소고기를 받을 때 스테이크를 만들 고기라고 미리 말한다. 준비된 고기는 먼저 두드린 후 후추와 소금을 뿌린다. 버터를 두른 팬에 고기를 넣고 튀긴다. 이때 센불에서 조리한다.

212. 햄을 삶는 방법 | Bagaimana reboes ham

햄을 삶고 싶다면 큰 프라이팬에 햄을 넣는다. 쉬운 방법은 찬물에 햄을 넣고 약한 불에 두 시간 동안 끓이는 것이다. 이는 물이 끓기 전까지 햄을 아주 뜨겁게 만들기 위한 방법이다. 이후 불을 세게 올려서 끓인다. 크기가 작은 햄은 한 시간 반 정도, 큰 햄은 두 시간 정도 끓인다. 아주 큰 햄은 두 시간 반 정도 끓이면 완전히 익는다. 단, 냄비에 햄을 넣고 끓이기 전에 거친 천 한 장과 뜨거운 물을 준비해서 햄을 잘 씻어줘야 한다. 햄에 묻은 지저분한 것들과 햄을 감싸고 있던 마대 자국을 없애고 깨끗한 햄을 먹기 위한 과정이 필요하기 때문이다. 접시에 햄을 담기 전에 우선 햄 껍질을 벗긴 후 위쪽에 정향을 뿌린다. 많은 이들이 이다음에 브랜디 와인을 한잔 붓고 설탕을 뿌리기도 하지만 개인의 취향에 따라 선택하면 된다.

213. 소금에 절인 우설을 삶는 방법 | Bagaimana reboes lidah

소금이 든 단지 안에 우설을 묻고 불 가까이에서 하룻밤을 재워 둔다. 우설은 미리 삶지 않고 먹기 세 시간 전에 통으로 삶는다. 이 방법을 따르면 (생우설이 아닌) 아주 맛있는 우설 요리를 맛볼 수 있다. 소금에서 꺼낸 우설을 물에 넣고 두 시간 동안 끓인다. 물이 제대로 끓을 때 우설을 넣고 익혀 준다.

214. 생우설을 삶는 방법 | Bagaimana misti reboes lidah sampi jang basah

소금을 푼 물에 소고기와 우설을 넣고 삶는다. 고기가 다 익으면 껍질을 벗긴다. 밀가루를 조금 준비하고, 큰 프라이팬에 넣어 색이 변할 때까지 볶는다. 이후 포도주 한 병, 육수 반병, 식초 조금, 건포도(큰 것과 작은 것), 펄리너트, 빻은 정향, 설탕 두세 숟가락을 넣는다. 재료가 끓으면 국물을 떠서 우설에 붓는다.

215. 우설을 뭉근하게 끓이는 방법 |
Bagaimana misti stoof lidah sampi

우설을 물에 끓인 후 다 익으면 껍질을 벗긴다. 끝부분부터 적당히 자르고 나서 밀가루에 넣고 굴려 준다. 버터를 넣은 팬에서 색이 변할 때까지 튀긴다. 이후 국물을 만든다. 버터 한 그릇, 달걀노른자 세 알을 불 위에 올리고 잘 저어 준다. 버터가 녹으면 밀가루 두 숟가락을 넣어 불에서 내리고 점도가 생길 때까지 계속 저어 준다. 다 되면 샬롯, 육수 반병, 햄 한 조각, 식초 두 숟가락을 넣고 불 위에 올려서 끓인다. 재료가 다 끓으면 튀긴 고기, 머스타드, 코냑 작은 컵으로 한 잔을 붓고 잠깐 뭉근하게 끓인다. 우설이 이미 익은 상태이니 오래 끓일 필요는 없다.

216. 나시 크불리 | Nasi keboelie[76]

나시 크불리를 만들려면 우선 살집이 오른 닭 한 마리를 준비해야 한다. 적당한 닭을 찾았다면 깨끗이 씻은 후 삶는다.

---

76   향신료로 양념한 밥과 여러 가지 반찬을 섞어서 먹는 음식이다.

양념 재료인 샬롯, 마늘, 생강, 레몬그라스, 카피르라임잎, 양강근, 고수 씨앗, 커민을 넣는다. 닭이 다 익으면 건져 낸 후 버터 넣은 팬에 담고 갈색빛이 날 때까지 튀긴다. 색이 변하면 고기를 건져 내고 뒤이어 샬롯과 마늘을 튀긴다. 샬롯과 마늘이 숨죽으면 쌀 또는 밥을 넣는다. 단, 쌀을 사용할 경우 깨끗이 씻은 뒤 물기를 빼고 양념 재료와 함께 팬에 넣는다. 양념 재료로는 갈지 않은 후추, 육두구 껍질, 육두구 씨앗, 네덜란드 계피, 정향, 생강이 조금 필요하다. 팬에 넣은 쌀알 겉면이 갈라질 때까지 볶는다. 아직 뜨거운 닭과 육수를 쌀 위에 붓는다. 이때 육수가 너무 많거나 너무 적지 않도록 손가락 한 마디 정도만 부은 후 졸인다. 수분이 다 날아가면 바나나 잎으로 덮는다. 단, 쌀에 육수를 부을 때는 체에 거른 후 사용한다.

217. 나시 크불리의 다른 형태 | Lain roepa

살집이 있는 닭을 준비해 삶는다. 절반 정도 익으면 물에서 건져 낸 뒤 버터를 넣은 팬에 담고 갈색빛이 날 때까지 튀긴다.

흰쌀을 준비한 뒤 깨끗이 씻고 빻아서 물에 두 시간 정도 담가 둔다. 네덜란드 버터 약 100그램을 녹여서 염분을 빼고 팬에 넣는다. 버터가 끓으면 담가둔 쌀을 넣는다. 버터가 다 녹으면 닭 육수를 조금씩 나눠서 붓는다. 양념 재료인 계피, 정향 약간, 육두구 씨앗 약간, 육두구 껍질, 소두구를 모두 빻는다. 쌀알이 다 익었을 때쯤 빻은 양념 재료를 넣고 섞는다. 튀긴 닭과 익은 쌀을 찜기에 넣고 찐다. 이때 닭고기를 쌀 중앙에 놓는다. 쌀을 맨 아래 깔고 닭고기를 올린 뒤 그 위에 다시 쌀을 올리면 된다. 찜기에 물이 생기기 전까지만 찐다(살집 있는 염소 고기를 사용해도 되지만, 닭고기를 썼을 때만큼 맛있지는 않다).

218. 나시 올람 | Nasi oelam[77]

잘 씻은 쌀을 쪄서 밥을 만든다. 고수 씨앗, 커민, 후추를 기름 없이 볶은 후 빻는다. 샬롯, 마늘, 키라임잎, 고추, 트라시, 레몬그라스를 얇게 썰고 빻아 놓은 재료와 함께 볶는다. 강낭콩, 대두, 마른 생선, 덴뎅, 새우(청어) 알을 튀긴다. 이후 밥

---

[77] 채소를 넣은 비빔밥과 비슷한 음식이다.

과 잘 섞는다. 붉은 가지, 줄콩, 오이, 소금을 넣는다. 삶은 달걀을 얇게 썰고 재료와 버무린 밥 위에 올린다. 요리에 들어가는 채소는 모두 얇게 썰어 사용한다.

219. 나시 울람의 다른 형태 | Lain roepa

일반 쌀에 찹쌀을 조금 섞고 깨끗이 씻은 후 찐다. 절반 정도 익었을 때 진한 코코넛밀크를 붓고 섞는다. 고수 씨앗과 커민 조금을 기름 없이 볶은 뒤 부드러워질 때까지 빻는다. 샬롯, 간 코코넛 과육, 고추와 함께 버터에 볶는다. 트라시를 조금 넣는다. 양념이 다 볶아지면 잘 익은 밥과 섞은 후 불에서 내린다. 건새우, 멸치, 잘게 찢은 덴뎅을 기름에 튀긴다. 달걀을 튀긴 후 얇게 썬다. 모든 재료를 밥과 섞는다. 대접에 밥을 담고 오이를 얇고 동그랗게 썰어서 밥 위에 올린다. 얇게 썬 가지, 바질, 줄콩도 함께 올린다.

220. 나시 프링잇 | Nasi pringit[78] makanan kodja

살집이 두툼한 닭을 작게 자르고 생강 한 조각을 찧은 뒤 닭과 함께 삶는다. 다 익으면 고기와 생강을 건져 낸다. 쌀을 깨끗하게 씻고 물에 한 시간 동안 담가 둔다. 불린 쌀을 닭을 삶은 물에 넣고 약한 불에서 끓인다. 샬롯과 마늘 한 쪽을 준비하고 커민, 고수 씨앗, 정향, 육두구 씨앗, 계피를 모두 곱게 빻는다. 빻은 양념 재료를 샬롯, 마늘과 섞은 후 버터를 살짝 두른 팬에서 볶는다. 버터에 볶은 재료와 미리 삶아둔 닭을 밥에 넣고 함께 끓인다. 모든 재료가 거의 다 익은 것 같으면 버터밀크를 한 컵 가득 붓고 밥과 잘 섞은 뒤 수분이 날아갈 때까지 졸인다. 장미수를 조금 넣어도 된다.

221. 나시 울람 | Nasi oelam (2)

코코넛 껍질 한 컵만큼의 쌀을 준비해 깨끗이 씻고 절반 정도

---

[78] Portal Masjid Malaysia 홈페이지 게시글에 따르면 당시 말레이시아 믈라카 사람들이 포르투갈계 사람들을 지칭하던 용어(Peringgi)다. 당시 인도네시아 코자(Koja)에는 믈라카에서 넘어와 정착한 포르투갈계 사람들이 많았다는 역사적 사실로 볼 때, 해당 요리는 코자 정착민에 의해 전해 내려온 포르투갈식 볶음밥 정도로 해석할 수 있다.

익힌다. 간 코코넛 과육에 물 조금과 소금을 넣고 진한 코코넛 밀크가 나올 때까지 손으로 주무른다. 미리 만들어 놓은 설익은 밥과 코코넛밀크를 잘 섞는다. 카피르라임잎, 판단잎도 넣은 뒤 밥이 제대로 익을 때까지 다시 익힌다. 밥이 다 익으면 카피르라임잎과 판단잎은 꺼내서 버린다. 밥을 퍼서 대접에 담는다. 달걀 프라이 썬 것과 마른 멸치볶음을 밥 위에 올린다. 마지막으로 오이와 바질잎까지 썰어서 올린 후 먹으면 된다.

222. 나시 쿠닝 | Nasi koening[79]

코코넛 껍질 한 컵만큼의 쌀을 준비해 깨끗이 씻는다. 간 코코넛 과육에 물을 넣고 주무르면서 진한 코코넛밀크를 만든다. 생강 한 조각을 찧고 압착해서 즙을 낸다. 생강즙, 쌀, 코코넛밀크를 잘 섞어 준 뒤 판단잎, 카피르라임잎을 넣고 큰 프라이팬에서 익을 때까지 끓인다.

---

79   강황을 넣어 노란색을 띠는 밥이다. 쿠닝(Kuning)은 인도네시아어로 노란색이다.

223. 중국인처럼 돼지고기 요리하기 | Masak babi seperti orang tjina

먼저 돼지고기를 깨끗이 씻은 뒤 잘 삶아서 익힌다. 고기가 다 삶아졌으면 샬롯과 마늘, 생강을 곱게 찧고, 갈지 않은 통후추와 동그란 모양의 통정향, 육두구 씨앗과 함께 볶는다. 재료가 갈색빛으로 변하면 삶은 고기와 육수를 붓고 키라임즙을 약간 뿌린다. 마지막으로 뚜껑을 꼭 닫고 익힌다.

224. 돼지고기가 들어 있는 스튜 | Babi jang di stoof

스튜에 돼지고기를 넣기 전에 소금과 후추가 든 밀가루에 넣고 이리저리 굴린다. 이후 버터가 든 팬에 넣고 갈색빛이 날 때까지 튀긴다. 고기를 다 튀긴 후에 육수, 샬롯, 식초 약간, 정향을 넣고 다시 불에 올려서 다 익을 때까지 뭉근하게 끓인다.

225. 멧돼지 삶는 법 | Bagaimana imsti reboes daging babi hoetan

물과 포도주를 같은 비율로 부은 냄비에 멧돼지 고기를 넣고 절반 정도 익을 때까지 끓인다. 이후 육수에서 고기를 건져 낸다. 육수에 부드러운 빵, (이미 버터에 볶은) 정향, 생강, 후추, 샬롯을 넣고 섞는다. 마지막으로 고기를 넣고 완전히 익을 때까지 끓인다.

226. 사슴 넓적다리 | Paha kidang

사슴을 요리하기 전에 우선 고기에 양념을 문지르며 바른다. 그다음에 식초에 담갔다가 버터에 튀긴다. 이때 윗불과 아랫불을 모두 사용한다.

227. 박미 | Bami[80]

면에 뜨거운 물을 붓고 면이 불으면 채반에 담아 놓는다. 살

---

80   중국 이민자들에 의해 인도네시아에 전해진 국수 요리

롯, 마늘을 찧고 돼지비계에 볶는다. 돼지고기를 미리 삶은 후에 팬에 넣고 튀긴다. 이어서 사구 야자 가루 또는 녹말 물, 완두콩, 생새우, 굴, 꽃게, 설파, 면까지 넣고 함께 볶는다. 일본 된장과 돼지고기 육수를 붓는다. 완성된 재료를 건져서 대접에 담는다. 고수잎을 올리고 간 후추를 뿌린다. 먹을 때 간장과 키라임즙을 넣으면 더 맛있다.

228. 박미의 다른 형태 | Lain roepa

돼지비계에 새우를 넣고 붉어질 때까지 튀긴다. 이후 물을 조금 붓고 박미 면을 넣어서 끓인다. 샬롯과 마늘을 돼지비계에 볶다가 타오초와 간장을 넣는다. 앞서 조리해 놓은 새우와 박미 면을 넣는다. 딜, 양파, 부추, 파, 셀러리를 추가한다. 국물이 부족하면 물을 조금 붓는다. 달걀프라이를 부친 뒤 얇게 썰어서 완성된 박미 면 위에 올리고 마무리한다.

229. 국물 있는 박미 | Bami reboes

채소 재료로는 줄콩, 셀러리, 파, 숙주를 준비한다. 돼지고기는 작게 잘라 삶는다. 큰 프라이팬에 생새우와 물을 조금 넣은 후 데친다. 새우가 다 익으면 살을 발라낸 후 껍질을 버린다. 양념 재료로는 샬롯, 마늘 네 쪽, 생강 작은 크기로 한 조각, 곱게 간 후추를 준비한다. 큰 프라이팬에 익히지 않은 돼지비계 한 조각을 넣고 기름이 나올 때까지 튀긴다. 미리 으깨서 섞어 놓은 양념 재료, 삶은 돼지고기, 새우살, 채소들을 차례로 넣는다. 재료가 끓으면 박미 면을 넣는다. 면이 다 익으면 살짝 걸쭉해질 때까지 기다렸다가 불에서 내린다.

230. 볶은 박미 | Bami goreng

돼지고기를 작은 크기로 자르고 물을 조금 넣어서 삶는다. 양념 재료로 마늘 네 쪽, 생강 한 조각, 샬롯 네 알을 준비해 곱게 빻는다. 타오초는 체에 걸러서 건더기를 곱게 으깬다. 큰 프라이팬에 돼지비계를 넣고 기름이 나올 때까지 튀긴다. 이후 미리 빻아둔 양념 재료와 타오초를 넣고 잘 저어 주다가 삶은 돼지고기와 육수를 넣고 끓인다. 모든 재료가 다 끓으면 박미면 네다섯 개를 넣고 익힌다. 국물이 걸쭉해지면 간장을 조금 넣고 마무리한다.

231. 키믈로 | Kimblo[81]

먼저 돼지고기를 잘게 썬다. 락사 면, 목이버섯, 월하향, 두부, 새우, 셀러리, 파슬리, 파, 줄콩을 준비한다. 생강과 마늘을 매우 곱게 찧은 후 돼지비계에 볶다가 통마늘과 잘게 썬 생강을 추가로 넣고 함께 볶는다. 이후 육수, 타오초, 락사 면, 목이버섯, 월하향, 두부, 새우, 돼지고기를 넣고 끓인다. 재료가 거의 다 익으면 채소와 간장, 키라임즙, 육수, 부추를 먼저 접시에 담은 뒤 돼지고기 육수를 붓고 마무리한다.

232. 키믈로의 다른 형태 | Lain roepa

줄콩, 셀러리, 실파, 부추, 건새우, 두부, 파슬리, 목이버섯, 수

---

81 수프처럼 국물이 있는 채소 요리

운 국수 또는 락사 면, 중국 버섯, 중국 월하향을 준비한다. 마지막에 언급한 중국산 재료 네 종류는 미리 물에 두 시간 정도 담가놓아야 한다. 살집이 약간 두툼한 돼지고기를 손가락 하나 정도의 길이로 썰어서 삶는다. 돼지고기 비계에 샬롯, 마늘 약간, 간 후추 약간, 미리 준비해둔 채소와 면, 타오초 한 숟가락을 넣고 볶는다. 이후 미리 삶아 놓은 돼지고기와 육수를 붓고 끓이다가 다 익으면 불에서 내린다.

233. 닭고기 키믈로 | Kimblo ajam

살집이 두툼한 닭을 준비하고 깨끗이 씻는다. 닭 가슴살은 본래 모양 그대로 잘라 따로 둔다. 물을 많이 담은 큰 프라이팬에 닭 몸통과 닭 가슴살을 넣은 후 익을 때까지 삶는다. 다른 팬에 작은 크기로 자른 돼지고기 한 덩이를 삶는다. 닭이 다 익으면 닭 가슴살을 두드려서 납작하게 만들고 꽃게와 새우는 물에 끓인 뒤 살만 발라낸다. 채 썬 사보이양배추, 셀러리, 파와 육수, 완두콩을 락사 면 또는 수운 국수와 함께 닭 삶은 육수에 넣고 끓인다. 양념 재료로 샬롯 여섯 알, 마늘 네 쪽, 채 썬 생강 여섯 쪽을 준비하고 모두 곱게 찧는다. 큰 프라이팬을 준비하고 돼지 비계 한 조각을 넣은 뒤 기름이 나올 때까지 볶는다. 기름이 나오면 미리 빻아둔 양념 재료와 타오초, 익힌 채소, 간장 약간, 깨끗이 씻은 목이버섯과 중국 월하향을 넣는다. 익을 때까지 조리한다.

234. 오포르 | Opor[82]

오포르를 만들려면 먼저 살집이 두툼한 오리를 준비해야 한다. 오리고기를 먹기 좋게 자른 후 깨끗이 씻는다. 양념 재료로 스타쿠스베리K(또는 덜 익은 망고나 자두 망고)가 필요한데 반드시 씨를 먼저 빼줘야 한다. 씨를 다 뺀 후에는 곱게 으깬다. 이후 샬롯, 마늘, 트라시, 고수 씨앗, 커민, 양강근, 레몬그라스, 카피르라임잎, 캔들너트, 고추도 곱게 빻는다. 오리 간은 버리지 말고 잘게 다져서 양념 재료와 섞는다. 뒤이어 코코넛밀크를 붓고 소금을 살짝 뿌린다. 오리 배를 가르고 방금 만든 속 재료를 넣은 후 배를 잘 꿰맨다. 속을 채운 오리고기를 냄비에 넣고 코코넛밀크를 가득 부어 준 후 불에 올려서 끓인다. 코

82　고기와 코코넛밀크를 주재료로 한 국물 요리

코넛밀크가 걸쭉해지면, 국물만 따로 빼놓고 오리고기는 수분이 없어질 때까지 계속 익힌다. 고기 내 수분이 다 졸아들었다면 미리 덜어 놓았던 코코넛밀크 국물을 붓고 마무리한다.

235. 돼지고기볶음 | Babi Tjaoe

돼지고기를 먹기 좋은 크기로 자르고 갈색빛이 날 때까지 튀긴다. 다 되면 기름에서 건진다. 마늘, 샬롯, 생강을 부드러워질 때까지 찧고 돼지비계와 함께 볶는다. 뒤이어 미리 튀겨 놓은 돼지고기를 넣는다. 이때 실파, 줄콩, 부추를 함께 넣어 볶는다.

236. 삶은 돼지고기볶음 | Tja babi

돼지고기를 작은 크기로 자르고, 물을 조금 넣어서 삶는다. 양념 재료로 얇게 썬 생강, 마늘 세 쪽, 샬롯 네 알을 각각 빻아서 준비한다. 큰 프라이팬에 돼지비계를 넣고 빻은 양념 재료를 넣어 볶는다. 이후 삶은 돼지고기를 넣어서 마무리한다.

237. 차오 | Ikan tjaoe[83]

상치를 적당한 크기로 썰고 깨끗이 씻는다. 소금을 뿌리고 그 상태로 하룻밤을 둔다. 하루가 지난 후 햇볕에 말린다. 다만 너무 오래 말리지 않아도 된다. 타페[84]를 한 겹 깔고 그 위에 말린 생선을 한 겹 올리는 방식으로 번갈아 가면서 재료가 모두 소진될 때까지 겹겹이 쌓는다. 다 쌓은 후에는 바람이 통하지 않도록 잘 덮는다. 붉은 찹쌀을 사용해도 된다.

238. 새우 채소볶음 | Oedang tjaoe[85]

새우를 잘게 다진다. 달걀, 샬롯, 마늘, 후추, 생강, 산내를 곱게 찧은 새우와 섞는다. 섞은 재료들로 프르크델을 만든다. 샬롯, 마늘, 산내, 생강, 후추를 찧은 뒤 볶다가 물을 넣고 끓인다. 양념 물이 끓으면 앞서 만든 프르크델, 실파, 줄콩, 소금을 넣고 마무리한다.

---

83   인도네시아 술라웨시 지역의 음식인 Cao(차오)로 보인다. 차오는 작은 생선에 소금, 이스트, 밥, 채소를 섞은 뒤 병 안에 넣고 발효시켜 먹는 음식이다.
84   찹쌀이나 카사바 같은 탄수화물을 발효시켜 만든 음식
85   Cah(차)라는 국물이 있는 채소 볶음 요리로 보인다.

239. 치초 | Tjitjo

돼지고기를 먹기 좋은 크기로 자르고 큰 프라이팬에 담는다. 간 후추와 강황, 채 썬 샬롯, 레몬그라스, 키라임잎, 소금도 넣고 걸쭉해질 때까지 익힌다.

240. 말린 돼지고기 | Babi tjitji[86]

치초를 만들 때처럼 돼지고기를 요리하면 된다. 하지만 고기를 아주 곱게 다져야 한다. 기름 없이 볶은 강황, 얇게 썬 샬롯과 레몬그라스, 카피르 라임잎, 코코넛밀크, 키라임을 고기와 함께 걸쭉해질 때까지 끓인다. 다 익으면 소금 간을 해야 한다.

241. 쩽쭈안 | Tjintjoan[87] (2)

먼저 줄무늬고등어를 깨끗이 씻은 후 칼집을 낸다(몸통이 잘리

---

[86] 『Indonesisch kookboek』에는 Tjitji의 의미가 gedroogde runderhuid(건조된 소고기)라고 쓰여있다. 따라서 Babi Tjitji는 건조된(말린) 돼지고기 정도로 볼 수 있다.
[87] 원문에 나온 요리명은 다르지만, 157번에 나온 조리법과 같다.

지 않을 정도로만 칼집을 낸다). 소금을 뿌린 후 익을 때까지 기름에 튀긴다. 샬롯, 마늘, 생강, 산내, 후추를 곱게 빻아서 일본 된장과 함께 볶는다. 이후 식초를 뿌리고 미리 튀겨 놓은 생선을 넣는다. 마지막으로 소금을 넣는다.

242. 돼지고기 프르크멜 수프 | Baboesoe[88] tjina

먼저 작은 크기로 프르크델을 만든다. 샬롯과 마늘을 노릇해질 때까지 튀긴 후에 일본 된장과 돼지고기 육수를 넣고 끓인다. 육수가 끓으면 미리 만들어 놓은 프르크델, 줄콩, 실파를 넣는다. 뚜껑을 잘 덮고 끓인다.

243. 중국식 양념 | Boemboe tjin

고기가 준비되었다면 후추와 잘 섞는다. 생강, 샬롯, 마늘, 캔들너트, 산내, 기름 없이 볶은 고수 씨앗과 커민, 실파, 달걀, 밀가루, 소금을 준비한 뒤 기름 또는 버터에 모두 볶는다.

---

[88] 원문에 있는 요리명인 Baboesoe'의 정확한 뜻을 찾을 수 없었다. 조리법상으로는 돼지고기 프르크델 수프 정도로 볼 수 있다.

244. 닭고기 된장 볶음 | Ajam-O[89]

먼저 먹기 좋은 크기로 닭고기를 썬다. 마늘을 고기 비계 또는 코코넛오일에 볶는다. 갈색빛으로 변하기 시작하면 타오초와 트라시 작은 조각 한 개를 넣는다. 이후 닭고기를 넣고 물을 부은 뒤 끓인다. 잘게 자른 생강, 곱게 간 후추, 간장을 넣는다. 완성된 음식을 대접에 담는다. 마지막으로 마늘 약간과 실파를 튀겨서 얹는다.

245. 오리고기 된장 수프 | Bêbêk-O

오리고기를 잘라서 삶고 다 익으면 불에서 내린다. 오리 비계는 제거한다. 마늘, 생강을 잘게 다지고, 닭 비계에 볶는다. 타오초 두 숟가락과 돼지고기 육수, 오리고기를 넣고 맛이 들 때까지 끓인다.

---

89 일본 전통 투계에 쓰이는 닭 종류 중에 '오샤모(O-Shamo)'가 있다. 이때 '오(O)'는 일본어로 '크다'는 뜻이다. 원문에 나온 '오(O)'의 정확한 의미를 알 수는 없었지만, 오샤모처럼 일반 닭보다 몸집이 큰 닭이나 오리로 만든 요리라는 의미로 '오(O)'를 붙인 것으로 추측된다.

코키 발리 사람들은 무엇을 먹을까

펴낸날 초판 1쇄 2024년 12월 31일

논나 코르넬리아 지음
지혜리 편역

펴낸곳 OLONA(올로나)
출판등록 제563-2024-000078호(2024년 5월 29일)
이메일 olonabooks@gmail.com

* 파본은 바꾸어 드립니다.
* 이 책은 경기청년 갭이어 프로그램의 지원을 받아 제작되었습니다.
* 이 책에는 춘카라열, 학교안성 울결, 학교안성 받아쓰기, 나눔고딕, 마루부리, 나눔손글씨 엄마가 글꼴이 사용되었습니다.
* 이 책은 저작권법에 따라 보호받는 저작물이므로 무단전재와 무단복제를 금합니다.